Friedrich Weinreb

# Das Ende der Zeit

Vom Sterben und Auferstehen

Friedrich Weinreb

# Das Ende der Zeit

## Vom Sterben und Auferstehen

Verlag der Friedrich Weinreb Stiftung

Autorisierte schriftliche Ausarbeitung von Vorträgen zum Thema »Endzeiterwartung. Leben aus Tod und Auferstehung«, die Friedrich Weinreb am 14. Juni 1987 im Bildungswerk Singen gehalten hat.
Das Abschreiben der Tonbänder besorgte Antonie Schneider, die Textfassung und Redaktion Christian Schneider.

Neu gestaltete, inhaltlich unveränderte Neuausgabe der 1991 im Thauros Verlag Weiler erschienenen Erstausgabe.
Dritte Auflage

Zollikerstrasse 193, 8008 Zürich
Satz, Gestaltung und Produktion durch Gorbach, Büros für Gestaltung und Realisierung, Utting am Ammersee und Augsburg
Gesetzt aus der DTL Fleischmann
Druck und Bindung durch Memminger MedienCentrum, Memmingen
Printed in Germany
ISBN 978-3-905783-72-8

# Inhaltsverzeichnis

*Schriften und Bücher, die sich mit dem Ende und dem Jenseits befassen, verleiten zum Spekulieren. Ist mit dem Sprach-Spiegel etwas von dem einzufangen, was unwiderruflich jenseits aller Ausdrucksmöglichkeiten liegt? Mag sein, daß allein schon eine solche Fragestellung attraktiv genug ist, diesem Thema zeitlose Aktualität zu sichern. Heute sind weniger fromme Betrachtungen über die letzten Dinge in Mode als vielmehr psychologisch und empirisch-wissenschaftlich abgestützte Berichte und Mitteilungen, die der »nachtodlichen« Existenz des Menschen fast schon etwas Anheimelndes verleihen. Man »weiß« darüber doch schon so viel – das wirkt beruhigend –, und natürlich möchte man wissen …*

*So lassen wir uns gern in die Wissens-Falle locken, bis …, ja, bis sie zuschnappt. Schmerzhaft, gewiß; doch dann ist endlich auch klar, daß es um ganz Anderes geht. Darüber findet man aber so gut wie keine Bücher mehr. Denn wer schöpft heute aus solchen Tiefen des Glaubens, des Vertrauens, der Hoffnung, der Liebe, daß er davon auch noch, überfliegend, austeilen und herschenken, also im wahrsten Sinn des Wortes sich mitteilen kann?*

*Nun, eine Überraschung, diese Schrift basiert auf eben einer solchen Mitteilung: gesprochene Sprache aus der leibhaften Anwesenheit des Sprechers in Gegenwart gespannter Hörer. Jeden einzelnen geht das Ende auf einzigartige, nur ihm zugängliche Weise an.*

*Und was ist eigentlich »Ende«? Und gibt es ein Ende der Zeit, das innerhalb der Zeit erfahrbar ist, in der Zeit und dem Raum, wo sich die verschiedenen Menschen versammelt haben, an einem Junisonntag im Jahr 1987 in Singen am Hohentwiel, um zu hören, was einer von ihnen zu sagen hat vom Sterben und Auferstehen?*

*Jetzt ist der Leser allein mit den unbeweglichen Buchstaben, dem geschriebenen Text, der trotzdem die flüchtige Stimme enthält, wie ihm auch Herz und Mund des Sprechers einverleibt sind. Könnte nicht wieder zum Leben kommen, was den Menschen, der da vor vier Jahren sprach, bewegte? Könnten nicht vielleicht sogar die unhörbaren Ober- und Untertöne doch beim Lesen wieder in Schwingung geraten? Vielleicht, wer weiß, erlebt es ein Leser? Für ihn ist dann die Zeit von vier Jahren kein Hindernis, und er brauchte den Ort Singen nicht einmal vom Hörensagen zu kennen. Er erführe tatsächlich etwas vom Ende der Zeit, und er begriffe unmittelbar den Unterschied zwischen toten Buchstaben und lebendigem Wort.*

*Es liegt, glaube ich, überhaupt viel am Leser, ob ihm ein Buch ein schönes, gut gepflegtes Wörtergrab oder Ausgangspunkt zu Neuem Leben ist.*

*Und da letzteres nottut, wird des Büchermachens in diesem Verlag hoffentlich kein Ende sein.*

*Weiler im Allgäu am 6. August 1991*
*Christian Schneider*

## Untergangsgefühle

Endzeiterwartung, Tod und Auferstehung – das sind Angelegenheiten, die jeden angehen, mich natürlich auch, alle. Ich kann darüber nicht so von oben herab mitteilen, was ich weiß, ich kann darüber nur nachdenken, mit Ihnen zusammen, um zu sehen, was wir von der Bibel her glauben können. Wissen ist eher eine Sache der Wissenschaft, Glauben aber ist eine ganz menschliche Angelegenheit.

Heute hat man ein sehr negatives Bild von der Endzeit. Man denkt, alles geht unter, die Welt sieht elend aus. Man glaubt nicht, daß es mit der Welt noch lange gehen kann, und prophezeit deshalb ganz wissenschaftlich – indem man, was gegenwärtig geschieht, weiterprojiziert –, was in Zukunft zu erwarten ist. Das muß dann schon ein sehr negatives Bild ergeben, denn was die Medien über Umweltverschmutzung, über die Ozonschicht, über Kernwaffen und Kernkraftwerke, über das Bevölkerungswachstum usw. verbreiten, das gibt einem das Gefühl, lange kann es so nicht mehr weitergehen. Vielleicht ist auch eine gewisse Lust an Sensation dabei, denn es tönt doch alles sehr gelehrt, man hat es doch gründlich studiert, hat die heutigen Daten auf die Zukunft hin extrapoliert, und es gibt hunderte, ja, tausende Bücher, die alle beweisen, wie schlimm es aussieht. Fast wie ein masochistischer Zug der Welt, hören zu wollen vom bevorstehenden Untergang, sich selber damit zu quälen. Vielleicht hat das auch mit dem Gefühl des Menschen zu tun, daß er sein persönliches Leben einem unausweichlichen Ende entgegengehen sieht.

Das Ende –: Strich, aus hier. Jahrhunderte Indoktrination durch die Wissenschaften lassen es uns so sehen. Vielleicht kann man spiritistisch weiterleben, vielleicht gibt es ein Weiterleben nach den Vorstellungen der alten Ägypter – das Totenschiff – oder der Tibeter, der Chinesen, der Griechen – die Unterwelt –, aus aber ist es, das Leben hier ist vorbei. Das ist ein Zeichen, daß wir irgendwie indoktriniert, man könnte auch sagen, vergiftet sind, und zwar gerade von jenem Gift, das behauptet: Ich weiß alles, wir können es beweisen, tot ist tot, im Grab ist Verwesung, und das Andere kann man nicht beweisen. Wir haben das schon von der Schule her übernommen, und unsere Eltern haben uns auch gesagt, daß die Lehrer es immer besser wissen. Und die Lehrer geben weiter, was sie gelernt haben, nach ihrer Wahrheit ist es also dann aus, tot ist tot. Es gibt zwar merkwürdige Grenzgebiete, Esoterik, PSI, alles mögliche, aber das Ende hier ist jedenfalls ein Ende.

Wir sind, glaube ich, so gedrückt und so pessimistisch, weil wir das immer hören und lesen. Und dort, wo vom Glauben geredet wird, möchte man den Glauben auch gern beweisen. Man kennt nicht mehr den Gedanken, den Paulus im Hebräerbrief ausgedrückt hat, daß Glauben überhaupt erst dann da ist, wenn es keinen Beweis, keine Hoffnung, ja, nicht einmal mehr etwas zu glauben gibt. Wir haben gelernt, nur dann etwas zu glauben, wenn wir überzeugt davon sind, kausal überzeugt. Beweise mir das, sagt man, dann glaub ich dir auch. Aber das ist kein Glauben, damit hast du nur die Wissenschaft auf deiner Seite. Du kannst es dann, ohne dich lächerlich zu machen, behaupten, weil es so gesagt wird, du ordnest dich also der Majorität unter und sagst dann: das glaube ich jetzt.

Mit Glaube aber hat es nichts zu tun. Glauben ist die Fähigkeit im Menschen, die nur in Kraft tritt, weil keine Beweise da sind; erst dann könnte man glauben. Und wenn keine Spur mehr von Hoffnung sich zeigt, politisch oder wissenschaftlich, erst dann kann man hoffen. Wir aber sehen nur Anlaß zur Hoffnung, wenn wir bemerken, daß es sich ohnehin zu zeigen beginnt. Wir wollen also Beweise sehen, wir wollen wissen. Dann sind wir überzeugt und glauben es auch.

Dies ist, meinem Gefühl nach, ein vollkommen falscher Ausgangspunkt für die Überzeugung, daß man Christ sei oder Jude oder Moslem. Man müßte imstande sein zu glauben, ohne etwas zu wissen. Dein Selbst, dein Ich, deine Person müßte von Glauben er-füllt sein, kein Grund, darüber zu reden. Es ist eine Sache, die nur dich angeht. Der andere hat *seine* Beziehung zum Glauben und zu Gott, seine, nicht deine, und dann wäre es möglich, daß man wirklich glauben könnte.

Aber das ist heute ganz aus der Mode. Mode bedeutet ja Durchschnitt, ein Mittelmaß. Die Majorität der Leute, der Durchschnitt, ist dieser Auffassung; da hast du es dann schwer, dich auf der Seite der ganz wenigen zu behaupten, die sagen, nur intim, nur ganz persönlich könne man glauben. Man schaut heute sehr auf Masse, auf die Mehrheit. Wenn man hört, das ist ja nur Einer, der das glaubt, dann ist es nichts wert. Nur die Masse zählt, der Eine zählt eben nicht.

So ist es im Laufe von Jahrzehnten, vielleicht schon von zwei Jahrhunderten, dahin gekommen, daß man darauf schaut, was man *weiß*. Was sagt die Wissenschaft? Obwohl die Wissenschaft selber sagt, man könne nur das beweisen, was auch in den Grenzen der Beweisbarkeit liegt; das Andere ist ganz außerhalb von Wissenschaft. Da hat sich Glauben und Wissen also auch getrennt. Und der Glaube wächst jetzt immer mehr, denn ich kann auch glauben, wenn ich weiß; zu sagen aber: ich glaube gerade, wenn ich nicht weiß, ist schon fast unmöglich.

Sein Ende hier stellt sich dem Menschen als Untergang dar, als Verwesung. Der tote Körper ist für die Wissenschaft lediglich Objekt, das man sezieren kann, um etwas daraus zu lernen, mehr über ihn zu erfahren. Den Glauben, daß der Körper etwas ganz Besonderes, Einzigartiges ist, gibt es längst nicht mehr. Vielleicht glauben das noch einige Leute, vielleicht sogar viele, aber die wagen es dann nicht, das zu äußern. Und die Medien werden sich hüten, die Meinung solcher Leute mitzuteilen, denn sie sind auf die Meinung der Masse angewiesen. Die Medien müssen sich nach der Mode richten, nach dem, was als gescheit und wissenschaftlich begründet erwartet wird. Wer da anderes sagt, gilt gleich als komisch, halb oder ganz verrückt. Wie kommt er dazu, in unserer heutigen gescheiten intellektuellen Welt noch so etwas zu behaupten?

## Den Tod verdrängen

Ende ist Ende. Man trauert um einen Toten im Bewußtsein, daß es nun aus ist, vorbei. Man will dann auch die Toten verdrängen, weil es nicht angenehm ist, weiter an sie zu denken. Es ist vorbei, er ist gestorben, leider muß man jetzt einige Zeit trauern und einmal im Jahr daran denken, daß er gestorben ist. Aber je mehr Zeit vergeht, desto mehr vergißt man ihn. Wie den Tod selber, den man auch verdrängt, weil es unangenehm ist, an ihn zu denken. Gut, man stirbt einmal, vergeht, verwest, wird vergessen. Oder ist dann ein Opfer von Analysen. Alles mögliche können sie dann über einen sagen, aus Briefen, aus Tagebüchern Sensationelles publizieren. Dinge, die eigentlich menschliches Geheimnis sind, ganz intim, werden dann gerne auf den Straßen ausgeschrien. Die Medien warten nur darauf, es reißerisch an die Öffentlichkeit zu bringen.

Es gibt also diesen Mechanismus der Verdrängung. Das ist eine bekannte Tatsache, ich will sie hier nur im Vorübergehen streifen. Wir verdrängen den Tod, verdrängen Krankheitsmöglichkeiten. Wenn es soweit ist, nun, dann weiß man schon Bescheid. Es heißt dann, er hat noch ein paar Jahre zu leben, maximal zehn, vielleicht aber auch nur zwei … – man will nicht daran denken. Man würde auch verrückt, wenn man sich das alles vor Augen hielte: Krankwerden, dann gebrechlich, Spital und all das Elend, am Ende eine schwarz umrandete Todesanzeige: Herr oder Frau Soundso im Alter von soundsoviel Jahren gestorben oder entschlafen oder heimgegangen. Dann weiß man: das ist das Ende, Abdankung, Begräbnis, Schluß, vorbei.

Dieses Verdrängen wird von allen Seiten unterstützt. Wir brauchen das, gerade heute, wo wir so in Panik leben, Angst vor dem Tod, Angst vor Krankheiten haben. Wir haben Angst, daß das Vergessene uns einholt, wir wollen es nicht wissen.

Wir sind doch Menschen, denken wir; »ich bin, der ich bin«, im Bild und Gleichnis Gottes, und ich sterbe!? Sieht Gott nicht auch, daß alles stirbt, alles verwest, alles vergessen wird? Selbst wenn man zwei Jahrtausende lang eines Menschen gedenkt, der einmal da war – was hat er davon? Er ist doch verschwunden. Das Sein hört auf, man verwest, wird vergessen.

So kam dann die stärkste, die größte Industrie der heutigen Zeit: die Freizeitindustrie. Sie hilft zum Totschlagen der freien Zeit, verschafft Betäubung. Man macht den Menschen taub, daß er nicht mehr nachdenkt, weil er fortwährend fernsehen kann oder Radio hören oder Illustrierte, Zeitungen und Bücher lesen kann. Er muß die Zeit totschlagen, weil es ihm unmöglich ist, als er selber weiterzuleben im Wissen, daß es ein Ende gibt. Ein Ende, von dem alle sagen, dann ist es vorbei. Man trauert, kondoliert und denkt: vorbei, leider. Und wer aus Geschäftsgründen zum Glauben stehen muß, der sagt dann, nun ja, er wird schon bei Gott sein, es wird schon gut werden. Man möchte gern, daß es in irgendeiner Art weitergeht, man möchte die Linie des Lebens verlängern. Und sagt dann, daß es nach dem Tod so und so sein wird. Der eine glaubt, daß es nach dem Tod spiritistisch weitergeht, andere trösten sich mit esoterischen Lehren, Parapsychologie oder PSI-Gedanken. Man weiß aber, daß dann nichts mehr zu machen ist. Man verschwindet, und wo man dann auch lebt, ist es eine andere Welt, in der wir keine Einflußmöglichkeit mehr haben.

Das etwa sind die Gedanken, die zum Gemeingut in der Welt gehören. Gewiß gibt es Ausnahmen, aber im allgemeinen denkt man so, und wer so denkt, der ist normal, der ist gescheit, der hat sich abgefunden. »Der ist also jetzt tot«, sinniert man und hängt vielleicht ein Foto von ihm an die Wand.

Nun ist aber das, was ich hier als allgemein verbreitete Haltung wiedergegeben habe, ganz unbiblisch, sehr unchristlich und sehr unjüdisch. Offenbar aber glaubt man der Bibel und dem, was Christentum und Judentum sagen, eigentlich nicht. In Wirklichkeit glaubt man dem Wissen. Der Wissenschaft glaubt man, die hat Theorien, hat Professoren, die dazu stehen, die Beweise liefern, gelehrt dreinschauen, gelehrt und zerstreut zu gleicher Zeit. Wagt man, ganz unzeitgemäß, sich vorzustellen, daß es mit dem Tod ganz anders sein könnte? Sagen wir nicht in der Kirche, daß wir an die Auferstehung der Toten glauben? Also eben nicht an ein Weiterleben nach dem Tod glauben, wie man immer denkt; sondern Auferstehung heißt, daß man eine Wende erlebt und in die Welt zurückkehrt. Wie auch Jesus nach der Bibel in die Welt zurückkehrt, mit seinen Jüngern spricht und erst vierzig Tage nach der Auferstehung die Himmelfahrt erlebt. Denkt man eigentlich noch daran, daß Jesus als Erstgeborener auch als erster in den Tod geht und aufersteht? Und damit mitteilt, daß es nun kein Weitergehen im Tod mehr gibt, keine Unterwelt, kein Totenschiff, kein Weiterfahren im Schicksal, sondern daß eine Umkehr stattfindet, eine Wende. Man will das nicht wahrhaben, weil man immer gehört hat, daß Tod ein Ende bedeutet.

Und haben viele nicht das Gefühl, sie könnten nur leben, wenn sie ihre Zeit irgendwie herumbringen, in manchen Fällen tatsächlich totschlagen? Ich brauche Ihnen die zahllosen Mittel zur Ablenkung nicht alle aufzuzählen, angefangen vom Fernsehen bis zu Sportaktivitäten und Reisen. Und wenn das nicht hilft, sucht man Betäubung im Alkohol, Nikotin oder im Sex, schlimmstenfalls dann in Heroin und anderen Drogen. Irgendwie ist das auch ehrlich, denn ein Leben, das sich nur um den Wohlstand dreht, erträgt man einfach nicht. Alle politischen Parteien proklamieren in ihren Programmen an erster Stelle den Wohlstand und den Frieden. Man glaubt im Ernst, wenn erst einmal der Wohlstand erreicht sei, gäbe es auch Frieden.

Wer fragt sich schon: Wo bin ich in hundert Jahren? Keine Spur mehr von dir in hundert Jahren. Aber der Wohlstand geht weiter; wir machen den schon. Die Wissenschaft ist imstande, das Leben zu verlängern. In der Zeit meiner Jugend galt ein Mensch von sechzig Jahren schon als alt. Heute ist man erst mit achtzig Jahren alt; man erwartet sogar neunzig, vielleicht fünfundneunzig zu werden, mancher denkt sogar an hundert Jahre, aber dann, weiß man, ist es vorbei. Doch das verdrängt man auch, indem man denkt, die Welt, das Leben geht weiter. Die Wissenschaft gibt einem dieses Gefühl vom Weitergehen und von: Wir werden es schon erreichen, wir werden weitermachen! Wenn es uns erst gelingt, die Alterungserscheinungen gleich im Anfangsstadium zu bekämpfen, können wir es soweit bringen, zweihundert Jahre alt zu werden. Daß man dann auch zweihundert Jahre in Todeserwartung lebt, vergißt man dabei. Je länger man lebt, desto länger erwartet man den Tod.

## Glauben heißt vertrauen

Die Auferstehung ist aus dem Denken und Fühlen des Menschen verschwunden. Spüren wir nicht, daß es eine Wende brauchte, damit wir einen Begriff wie den der Auferstehung wieder erleben können?

Auferstehung ... wo denn? Ich sehe nichts davon! – Könntest du nicht daran glauben? – Wieso glauben? Ich glaube nur, was sich auch beweisen läßt.

Immer, wenn wir »Amen« sagen, sagen wir: »Ich glaube«. Amen ist die Ich-Form, die 1. Person, vom hebräischen Wort »emuna«, das Glauben und zugleich auch Vertrauen bedeutet. Wenn wir zum Beispiel von Gottvertrauen sprechen, dann meint das in der Sprache der Bibel: Gott glauben, gottgläubig sein. Vertraue auf Gott, heißt es, aber wir müssen immer wieder feststellen, daß wir nur auf Menschen vertrauen, obwohl wir häufig in den Psalmen lesen: Vertraue nicht auf Menschen, nicht auf Fürsten, denn die lassen dich letztendlich doch im Stich, vertrau auf Gott!

Wir sind so indoktriniert worden, daß wir nur Leuten vertrauen, die Beweise vorlegen, die es machen können, die Macht haben, das Machtbewußtsein, daß sie etwas erreichen können; es liegt in ihrer Macht, zu erreichen, was sie wollen: Machbarkeit also. Vertrauen aber – wie ist das, wenn wir Vertrauen haben?

Ich denke da an eine Geschichte in der Überlieferung, wo von der Beziehung zwischen Mensch und Gott erzählt wird. Wenn du, heißt es, Gott wärest, würdest du es zulassen, daß zum Beispiel Hunde oder Katzen oder Menschen sterben? Denke einmal, wird gesagt, darüber nach. Würdest du es zulassen? – Nun, gewiß würdest du doch deinem Hund, deiner Katze, deinen Verwandten, deinen Freunden ein viel längeres Leben gönnen, ganz klar. Es steht zwar nicht in deiner Macht; aber wenn du es könntest, würdest du es auch tun. Und das eben heißt: Du hast in dir das Vertrauen, daß du so lieb und nett bist und Leben schenken würdest. Du also tätest es schon – Gott aber scheint es nicht zu schenken, er läßt den Hund, die Katze, Freunde und Verwandte sterben!? Du also tätest es wohl, Gott aber nicht?

So fängt eine alte Geschichte an, die vom Glauben an Gott, vom Vertrauen in Gott handelt. Glauben und Vertrauen sind im Hebräischen, wie ich schon sagte, vollkommen identisch, es gibt da keinen Unterschied. Nehmen wir für Glauben einmal den Begriff Vertrauen, vielleicht sagt es uns dann mehr.

Im allgemeinen setzen wir unser Vertrauen in Menschen, in die Wissenschaften, nicht aber in Gott. Gott ist eher eine Art Störenfried für uns, der uns immer dazwischenfährt, der uns plötzlich tötet, sterben läßt, umbringt, während die Menschen, die Gesellschaft uns gern leben lassen würden. Aber Gott scheint Spaß daran zu haben, Menschen und Tiere umkommen zu lassen.

Die Geschichte geht dann weiter mit der Frage: Wenn du also so großes Vertrauen in dich hast, wer, glaubst du, hat die Welt gemacht? Du gewiß nicht, aber du siehst; sie besteht. – Nun, könnte man einwenden, sie entstand aus dem »Urknall«, sehr, sehr lange her, vielleicht vor zwanzig Milliarden Jahren. – Aber bedenke dann doch, in der Welt geschehen sehr viele Dinge, die gar nicht in deiner Macht liegen. Die Pflanzen und Tiere haben eine Art Seele in sich – Instinkt-Seele, könnte man sagen –, wo ein Wissen vererbt wird.

Woher weiß ein junger Vogel, daß er ein Nest bauen, Eier legen, brüten und die Jungen dann wieder ernähren kann? Es ist in ihn gelegt. Instinkt, sagen wir. All das besteht also. Das Weltall ist im Gleichgewicht, der Körper des Menschen, der Leib bestehen. Wie kommt er zustande? Könntest du dich das nicht fragen? Und ausgerechnet der, der das alles so gemacht hat und eigentlich in jedem Augenblick wieder macht, ausgerechnet der hätte ein Interesse daran zu töten? Tiere zum Beispiel, »unschuldige« Tiere, wie man oft sagt? Er wäre imstande, »unschuldige« Kinder einfach so sterben zu lassen? Wie kann das sein? Hier ist doch ein Widerspruch zu dem, was wir in der Welt sehen, im Kosmos wahrnehmen!

Wenn du das siehst und wahrnimmst, wenn du der Welt gern gönnen möchtest, daß sie weiterlebt, daß Tiere und Pflanzen weiterleben, dann, heißt es, könnte eine Ahnung von Gott in dir wachsen. Wenn *du* es schon gönnst, wie sollte es Gott dann nicht gönnen! Hast du kein Vertrauen zu Gott? In der Bibel lesen wir, daß uns kein Haar gekrümmt werden kann, daß kein Spatz vom Dach fallen kann, wenn Gott es nicht will. Aber wir haben nur Vertrauen zu uns, zu dem, was wir machen. Ohne Vertrauen zu Gott aber sind wir »ungläubig» ohne »emuna«, ohne Amen. Es ist unser Unglaube, der Gott zumutet, daß er nur das Töten und die Kriege, daß er Auschwitz geschehen lassen kann. Dann erscheint alles wie eine Folge von Fehlplanungen; Gott scheint der Plan aus den Händen geglitten zu sein.

So verfallen wir immer wieder der Meinung: Gott wohl, der läßt es zu, wir aber, wir täten es nicht. Wir setzen also Glauben und Vertrauen mehr in uns als in Gott. Merkwürdigerweise vertrauen wir besonders dem, was wir selber hervorgebracht haben: den Wissenschaften, den Computern, den Professoren, den Ingenieuren – allem möglichen, nur nicht Gott. Unsere Beziehung zu Gott ist also sehr gestört. Vielleicht ist aus dieser Beziehung gar eine Wissenschaft geworden, eine Art gottnaher Theorie. Aber es ist nichts Persönliches mehr, nichts Intimes mehr in deiner Beziehung zu Gott. Davor hat man Angst, denn die Masse, die Mode, der Durchschnitt sagen anderes. Man sieht doch, daß immer mehr Leute aus der Kirche austreten, die Kirchen werden leerer. Nur wenn man mit modischen Anreizen lockt, dann kommen die Menschen wieder. Wir werden der Dritten Welt helfen, Gott hilft doch nicht, *wir* helfen. Die Probleme der Frauen, die Probleme der Männer – *wir* greifen sie auf, *wir* helfen, *wir* kümmern uns um Asylbewerber. Glaube und Vertrauen sind in der Kirche sehr klein geworden, eben »kleingläubig«, in vielen Fällen könnte es auch »ungläubig« heißen. Aber man läßt sich gern in den Kirchenvorstand wählen, ist stolz darauf. Da glaubt man an sich selber, und die zu Hause glauben auch, der Papa ist ein wichtiger Mann, der ist gewählt worden, und Mama ist eine wichtige Frau, die leistet etwas in der Gemeinde.

Wir sehen, in der Kirche ist ein Verlust eingetreten, seit längerer Zeit schon, und da versucht man dann auf allerlei Weisen, mehr Theologie einzuführen, damit die Menschen wieder kommen, sich sozial engagieren, Machbares vor Augen haben, das sie selber tun können. Gott, so scheint es, kann jedenfalls nichts tun. In der Sahelzone Hunger, Kinder sterben in unvorstellbarer Anzahl, Überschwemmungen, Erdbeben, Katastrophen, Krankheiten – heute ist Aids »modern« –; lauter Bedrohungen, die Wissenschaftler suchen und suchen, können aber nichts dagegen finden. Und auch wenn sie etwas gegen Aids fänden oder gegen Krebs oder gegen den Herzinfarkt, würde ich wieder meine Frage stellen: Und wo sind wir in hundert Jahren? Mag sein, daß wir dann fünfzig, vielleicht achtzig Jahre länger leben – aber dann? Und wo sind die geblieben, die gelebt haben? Was ist aus denen geworden? Man zuckt die Achseln: verschwunden, weg, weitergegangen. Und fragt man: Glaubst du an die Auferstehung?, antworten viele mit Ja, vielleicht nur aus Angst, ein Nein sagen zu wagen. Aber bei sich denken sie, das müssen wir erst mal sehen, ist ja nicht zu beweisen.

Klar, man kann nicht glauben, wenn man Gott in sich verloren hat. Gott in uns, und wir in Gott – das zitiert man vielleicht manchmal, aber es ist nur noch eine schöne Phrase, denn wir haben den Glauben verloren, daß es eine Wirklichkeit sein könnte. »Gott in uns« hieße: dann *lebten* wir, dann wären wir voll Vertrauen und schämten uns dessen nicht. Dann könnte es sein, daß unser Leben eine Wende erlebte, daß wir umkehrten zum Leben in der Auferstehung, nicht nur so fortlebten. Die Bibel spricht nicht von einem Weiterleben, sondern vom Auferstehen *hier*, in Galiläa. Jesus ist nach seinem Tod und seiner Auferstehung vierzig Tage bei seinen Jüngern; dann folgt die Himmelfahrt und das Pfingstgeschehen.

## Ende als Wende

Es gibt also ein Weiter, aber kein Weiter im linearen Sinn, sondern ein Weitergehen im Sinne einer Wende, einer *Umkehr*. Und das müßte unser Thema sein. Denn die Erwartungen, die wir in wissenschaftlicher Hinsicht haben, sind sehr negativ. Wir hoffen schon, daß kein Krieg kommt, aber gleichzeitig denken wir uns: Einmal muß es ja doch schiefgehen, es genügt ja schon ein Druck auf einen Knopf oder eine Taste. Dann die Verpestung der Erde durch unsere Industrie! Wird die Welt nicht gar schon an sich selbst zugrunde -gehen? Angst vor dem Schwinden der Ozonschicht in der Höhe, Angst vor dem Zunehmen des Ozons am Boden, Angst wegen des Waldsterbens – Bilder vom Sich-nähern eines Endes. Das Gefühl: bald hat es ein Ende, paßt zur Erwartung vom Ende des eigenen Lebens: Schluß, ein Abgrund, verloren, vergessen.

Habe ich zu viel Negatives herbeigebracht, um unserem Thema näherzukommen?

Nun, ich finde, wir müssen uns darüber klarwerden, wo wir als Durchschnittsmensch stehen, wie es um unseren Glauben bestellt ist. Dabei will ich niemandem zu nahe treten, denn Glauben ist doch eine sehr intime, persönliche Angelegenheit, und man wagt gar nicht recht zu sagen, daß man an Auferstehung glaubt.

Wir wissen, daß der Mensch stirbt, das ist eine Tatsache. Aber was bedeutet Sterben? Es ist dann aus, sagen wir, weil wir nur im Sinne der Evolution zu denken gelernt haben. Der ganze Weg unserer Ausbildung, von der Grundschule angefangen, steht unter dem Leitgedanken: Wir entwikkeln uns. So erhalten wir Entwicklungshilfe von Menschen, die dann auch anderen Ländern zur Entwicklung verhelfen, damit diese dann die gleichen Sorgen bekommen, die wir haben. Die Menschen in diesen Ländern haben vielleicht gar nicht unsere Sorgen, sie möchten aber modern sein. Sie möchten dasselbe haben wie wir, dasselbe erleben wie wir, die wir uns damit aber den Tod entwikkeln. Wir flüchten uns dann in die sogenannten Grenzwissenschaften, wo man glaubt nachweisen zu können, daß es jenseits der Grenze weitergeht, also weitere Evolution. An Auferstehung, daran, daß der Tod auferstehen läßt –, daran denkt doch im allgemeinen kein Mensch. Auferstehung aber bedeutet, du kommst zur Welt zurück.

Was sind Tod und Auferstehung in unserem Leben jetzt und hier? Diese Frage könnte uns und der Menschheit einen Weg weisen. Wir erinnern uns hier gleich an das Wort: »Ich bin der Weg, die Wahrheit und das Leben«, aber wir fragen auch: ein Weg wohin? Zu Gott, zum Vater im Himmel, wie wir vielleicht täglich beten: Vater unser im Himmel. Wir beten das schon, aber wer denkt dabei an einen Vater im Himmel? Wer denkt an ein Leben, an ein weiteres Leben? Nicht im linearen Sinn weiterentwickelt, sondern wo die Entwicklung asymptotisch verläuft, wo es wie eine Explosion aussieht? Es geht nicht weiter, und dennoch glauben wir, daß es weitergeht. Ich weiß nicht, wie es weitergeht, aber ich frage mich als einer, der heute lebt, in der jetzigen Zeit: Wo sind wir in hundert Jahren? Eine Frage, die ich mir selber stelle. Sind wir dann im Grab? Ist das Grab dann das Zuhause für die Lebenden? Es heißt doch aber: »Was suchet ihr den Lebendigen bei den Toten? « (Lukas 24,5), dort, wo in den Evangelien davon erzählt wird, wie die Frauen am Sonntag in der Frühe nachschauen kommen, ob Jesus in dem Grab liegt, das man gut verschlossen hatte. Sie begegnen dort Männern – Engeln, sagt man –, die ihnen mitteilen, den Lebenden nicht unter den Toten zu suchen.

Wenn wir glauben, daß wir im Bild und Gleichnis Gottes sind und daß der Messias »Sohn des Menschen« heißt, ben Adam, dann scheint der Tod *den Menschen* nicht zu ändern. Hatte man bis dahin gedacht, daß durch den Tod das Ende gekommen sei, ein Eintreten in den Hades, die Unterwelt, die Schattenwelt, so zeigt sich im Christentum gerade eine Umkehr, eine Wende. Jetzt hört die Unterwelt als eine weitere Welt auf, jetzt ist in der Welt überhaupt eine Wende da, jetzt glauben wir an Auferstehung.

Was bedeutet Auferstehung? Darauf läuft doch unser Thema vom Ende der Zeit eigentlich hinaus.

Danach wollen wir uns doch gemeinsam fragen. Wie können wir unseren eigenen Tod, das Ende der Welt, die Apokalypse, so im Leben sehen, daß all dies Teil unseres Lebens wird, integriert in die Totalität des Lebens? Daß wir dann nicht mehr allerlei merkwürdige Mitteilungen von außen brauchen, sondern es allgemein menschlich erleben, von der Bibel her, wo der Tod eine Realität ist, Auferstehung aber genauso eine Realität ist, wo es keine Endzeit ohne Auferstehung gibt. Denken Sie an die Offenbarung des Johannes, wo am Ende doch von einem neuen Himmel, von der neuen Erde, dem neuen Jerusalem die Rede ist. *Neu* – also keine Endzeit im Sinne des Untergangs.

Immer haben wir Angst vor dem Untergang. Die Worte Apokalypse und apokalyptisch benutzen wir, wenn wir unsere Angst vor dem Untergang ausdrücken wollen. Wer denkt noch an den Schluß der biblischen Apokalypse? Was uns beeindruckt, sind die Pferde, das schwarze, das weiße, das rote und das fahle Pferd, und die »schedim«-Wesen, die dämonischen Wesen mit den vielen Köpfen und Hörnern. Daran denkt man, weil man an das Bewiesene glaubt. Denn sind die Ahnen nicht gestorben, verschwunden, total weg?

Deshalb möchte ich mich fragen, wie wir von der Bibel her, von der Wurzel des Glaubens her zu Tod und Auferstehung stehen? Ein Sich-Abfinden mit dem Tod könnte mir nicht genügen. Müssen wir nicht geradezu den Gedanken verlangen, daß wir auferstehen? Danach *verlangen,* sage ich, und nicht für ein Nachher, sondern für das Jetzt.

Wo aber sind sie, die Auferstandenen? Gerade diese Frage sollten wir zu stellen wagen, und uns nicht damit abfinden, daß es vorbei ist, und vergessen.

## Die Wahl zwischen Wissen und Leben

Wie ist es möglich, frage ich mich, daß wir Menschen bei dieser Frage nach dem Ende eigentlich immer wieder versagen? Ist das eine Schwäche? Oder ist das nur menschlich und verständlich? Wie kommt es, daß der Mensch dem Wissen den Vorzug gibt, daß er das Wissen so ernst nimmt? Ich könnte hier gleich mit der Paradiesgeschichte aus der Bibel anfangen. Der Mensch steht am Anfang vor zwei Bäumen, zwei Arten des Wachstums – denn der Baum ist ein Zeichen des Wachstums in der Zeit. Einerseits ist da der Baum des Lebens, ein Wachstum von Leben, andererseits der Baum der Erkenntnis oder des Wissens – »Wissen« wäre die bessere Übersetzung –, der Baum also des Wissens von Gut und Böse. Der Mensch möchte also auch wissen, was gut und was böse ist, das heißt, er gibt dem Wissen den Vorzug. Erst muß er wissen, dann erst wäre er bereit zu tun.

Das Wissen ist eine merkwürdige Sache, es entsteht aus Erfahrung. Wir haben auch gesehen, wie Wissen durch die Erfahrung der Menschheit wächst. Wissen ist gewachsen und wächst immer weiter. Aber wir lesen dann auch dort in der Bibel, daß Gott sagt: Wenn du von der Frucht von dem

Baum, dem Wachstum des Wissens nimmst, wirst du sterblich sein. Das Wissen zeigt uns nämlich dann, daß wir sterblich sind. Wir wissen das aus Erfahrung, ja, es heißt sogar, das einzig Gewisse, das einzig Sichere im Leben sei der Tod. Seit vielen Jahrtausenden hat man die Erfahrung gemacht, daß es den Tod gibt. Das *weiß* man also.

Wenn der Mensch den Weg des Wissens geht, wird er die Grenze seines Lebens einsehen. Das Wissen geht bis zum Tod. Von dem, was nach dem Tod ist, kann man nichts wissen. Man kann davon phantasieren, man kann sich etwas vormachen, man kann etwas nachplappern, aber wissen kann man davon nichts. Kein Mensch weiß etwas von dem. Der Mensch kann nur sehen, daß er sterblich ist.

Wir sehen in der Welt auch eine Naturgesetzmäßigkeit. Viele Naturgesetze sind Erfahrungen, zum Beispiel das Gesetz der Schwerkraft, und man richtet sich nach diesen Gesetzen. Der Baum vom Leben aber, der andere Baum, ist ein Wachsen des Lebens. Kein Leben also, das starr da ist wie ein Naturgesetz, sondern ein Leben, das wächst. Man kann im Leben nicht nur feststellen, daß man lebt, man kann im Leben sehr viel erleben. Das Wort Leben hat in seinen Konsonanten l-b-n nahe Verwandtschaft zu Wörtern wie lieben, loben, laben, glauben. Leben ist, wie wir auch in der deutschen Sprache sehen, mehr als nur Leben. Leben hat auch die andere Seite in sich, nämlich Lieben. Nach Gesetz kann man nicht lieben. Gesetzmäßig kann man nach Selbsterhaltung streben, sich selber, seine Familie, seine Art, seine

Rasse, sein Volk behaupten. Nach Gesetz zu lieben ist aber unmöglich. Liebe deinen Feind, heißt es, also einen Menschen, der dir nah ist, der aber dein Gegner sein könnte, oft dein Konkurrent ist. Lieben kann man den nicht, höchstens vielleicht achten, indem man ihm Gutes tut in der Erwartung, daß er einem dann auch Gutes zurückgibt. Das aber hat mit Kauf und Verkauf zu tun und dem Preis. Wenn ich genug zahle, erhalte ich dann Liebe dafür. So etwas kennt man schon nach Gesetz, da handelt es sich fast um eine Gesetzmäßigkeit. Aber *umsonst* lieben, nur um der Liebe willen, das kennt man nicht.

Und Gesetz – wer widersetzt sich dem? Gesetz besteht, damit, was da ist, sich behauptet. Gesetz ist eine Sammlung von Erfahrungen, durch Gesetze wissen wir, wie mit etwas umzugehen ist. Als man das Gesetz vom kochenden Wasser entdeckt hat, den Dampf, konnte man Dampfmaschinen bauen nach der Entdeckung des Gesetzes der Elektrizität hat man elektrifiziert. Man sammelt Erfahrungen, das Wissen wächst und wächst. Wir *benutzen* die Naturgesetze und erfahren sie nicht nur als Bedrohung von Naturgewalten. Wir können also die Naturgesetze zum Leben benutzen, wir können aus dem Gesetz leben. Ist das nicht die große Frage im Römerbrief von Paulus? Die Gesetzmäßigkeit und die Gesetze sind Totes, denn sie zeigen mir, daß mein Leben hier endet. Das Sammeln von Erfahrungen beweist mir unwiderleglich: am Ende ist Tod. Das war immer so, ist so und wird immer so sein. Paulus aber möchte gern die Freiheit des Menschen erleben, in der er von den Gesetzen erlöst ist, erlöst aus der Gesetzmäßigkeit. Und Paulus sagt, ihr könnt, nachdem Jesus gelebt hat, die Liebe wählen, die Freiheit.

Das Gesetz der Schwerkraft kannst du nicht aufheben. Fliegen kannst du eben, indem du die Gesetze der Schwerkraft *benutzt*. So kannst du ein Flugzeug konstruieren. Anziehungskraft der Erde, sagen wir, Anziehungskraft der Welt. Die Erde zieht uns an, wir können fallen, nicht nur im physischen Sinn, sondern auch im moralischen, im ethischen Sinn. Gefallener Engel, gefallener Mensch. Man kann auch reinfallen. Auf viele Arten, so sagt es die Sprache, kann man fallen.

Im Hebräischen hat das Wort für »fallen« dieselbe Struktur wie das Wort für »Schlange«. Die Schlange also fördert sozusagen den Fall, sieht ihn gern. Sie hat es gern, wenn die Welt zentral gestellt wird, wenn man zur Welt niederfällt, indem man die Naturgesetze entsprechend handhabt. Das ist dann der Sündenfall. So groß ist die Anziehungskraft der Erde, daß der Mensch fällt, moralisch in der Sünde fällt.

Wir spüren: der Mensch hat die Wahl. Er kann sich dem Baum des Lebens zuwenden, wo Wachstum des Lebens da ist, das Leben immer intensiver wird, wenn auch zu Anfang die Gesetzmäßigkeit ängstlich machen könnte. Aber *Leben* kann sich von der Angst befreien und muß sich nicht damit begnügen, sie nur betäuben zu können. Die Betäubung, ein Aushöhlen des Menschen und des Menschlichen, ist ein Fallen. Man könnte sich auch ein Befreitwerden vom Gesetz vorstellen, indem man spürt: Ich kann das Leben wählen.

Was ist Leben?

Nicht gezielt wissen, was du tun willst, sondern überlassen, deinem Leben überlassen, was geschieht.

Die heutige Welt kennt vor allem den bewußten Menschen, das Bewußtsein. Es ist der Mensch, der etwas bewußt tut oder unterläßt. Oder der Mensch, der sich gehenläßt, der nicht weiß, was ihn lenkt, der keine Gelassenheit hat, sich lenken zu lassen, weil er glaubt, nur er selber könne sich lenken, oder sein Arbeitgeber könne ihn lenken, oder ein Politiker oder ein Unternehmer. Eine Lenkung jenseits der Gesetzmäßigkeit, ein Lenken aus dem Leben heraus, kennt man im allgemeinen nicht. Deshalb hat der Mensch auch seine Gelassenheit verloren, daß er vertrauen könnte: im Leben gehts gut, auch ohne Eingreifen.

Der Mensch wählt sofort, wie wir in der biblischen Paradiesgeschichte sehen, die Frucht vom Baum des Wissens, der Erfahrungssammlung von Gesetzmäßigkeiten, und das wirkt dann im Leben. Die Schlange, das Fallen, die Schwerkraft wirken, nicht nur physisch, auch moralisch. Die Anziehungskraft der Welt, die Verführung, die Versuchung sind so groß, daß der Mensch glaubt, er müsse einfach so wählen, dem gehorchen; er fällt beinahe nach Gesetzmäßigkeit. Denn wenn der Mensch dort nicht vom Baum des Wissens, der Erkenntnis von Gut und Böse genommen hätte, wäre ja die ganze Bibel nicht geschrieben worden. Die Bibel, von der Paradiesgeschichte bis zur Apokalypse, dem Ende des Neuen Testamentes, ist, kann man auch sagen, die Geschichte des Menschen, der gefallen ist. Erlösung, sehen wir, kann nicht so stattfinden, daß wir uns selber erlösen oder irgendeine Macht uns erlöst –, sondern nur Gott kann uns erlösen, der das alles erschaffen hat.

## Umsonst lieben

Wozu hat er dann diesen Baum vom Wissen von Gut und Böse erschaffen? Es heißt: weil er sehen wollte, ob der Mensch *umsonst* lieben kann. Nicht lieben, um einer Belohnung willen – das wäre gesetzmäßig. Eine Liebe, die belohnt wird dafür, daß sie geschenkt wird, ist keine Liebe, sondern folgt dem Gesetz des Kaufmännischen. Man zahlt und erhält die Ware, für die man bezahlt hat. Je mehr ich liebe, desto mehr Lohn bekomme ich –: das ist der Mensch als Diener um Lohn aus Angst vor Strafe. Ein Geldwechsler kann nur eine Münze geben, wenn er eine gleichwertige erhält, plus den Verdienst, den ihm dieses Wechselgeschäft einbringen muß, damit er es überhaupt ausüben kann. Man erwartet von ihm, daß er das gibt und das erhält. Der Taubenhändler, der Lämmerhändler – sie haben Tauben und Lämmer im Vorrat, und sie bekommen dafür etwas bezahlt. Gesetz, sehen wir, macht unfrei; du mußt bezahlen, um etwas zu erhalten.

Bei der Liebe könnte es sein, daß ich liebe, ohne etwas zu erhalten. Ein Lieben um der Liebe willen, ohne etwas dafür zu bekommen. Du kannst die Welt lieben, auch wenn die Welt dich umbringt. Heißt es nicht, daß Gott die Welt so liebt, daß er seinen eingeborenen Sohn der Welt schenkt, obwohl er doch weiß, daß er dann umgebracht wird? Und den, der Liebe ohne die Erwartung schenkt, daß er dafür etwas bekommt, den lacht die Welt aus.

Nun ist gerade dem Menschen das große Geschenk gegeben. Er kann zwischen dem Leben, dem Baum, dem Wachstum vom Leben, und dem Baum vom Wissen, der Erkenntnis des Guten und Bösen wählen. Diese Wahl ist es, die den Menschen frei macht. Ohne diese Wahl wäre er ein gesetzmäßiges Wesen, das so leben muß, wie das Gesetz es ihm vorschreibt. Das Leben des Körpers ist vom Gesetz bestimmt, vom Essen oder vom Trinken zum Beispiel. In der Liebe aber ist es ein Umsonst-Tun; ich will nichts weiter, ich will nur lieben.

Das Neue in der Welt wäre ein Leben, wo die Liebe wächst und nicht nur das Wissen gemäß der Erfahrung. Liebe ist nichts Starres, Liebe kann immer neu, immer intensiver da sein. Die Geschichte der Bibel erzählt das Drama, die Tragödie, wie der Mensch fortwährend die Liebe nicht erkennt, weil er Lohn erwartet oder Angst hat vor Strafe. Er handelt nur nach Gesetz.

So gesehen könnte man spüren, daß hier Entscheidendes über den Menschen ausgesagt wird. Der Mensch könnte im Leben gegen Gesetz lieben, gerade den Dummen, die Zöllner, die Dirnen, den Verräter lieben. Die Sündigen könnte er lieben, und eben nicht nur die Guten, die Braven. Die Gesellschaft meint, das könnte dir nur schaden, weil sie schmutzig sind, dein reines weißes Kleid könnte Flecken bekommen, man könnte von dir sagen, daß du ein fragwürdiger Mensch seist. Du könntest natürlich auch Pech haben, reinfallen dabei. Man hat ja eine Moral entwikkelt, nach der man tut, was *man* tut, einen Instinkt der Selbstbehauptung sozusagen. Seinem Feind wünscht man den Untergang, den Tod, läßt die Waffen dafür segnen durch die Kirche oder durch die Synagoge. – Ja, er will uns ja auch töten! – Vielleicht ist es dann besser, getötet zu werden. So aber kann nur einer denken, dem der Tod nicht das gesetzmäßige Ende von allem Leben ist. Wer glaubt, daß mit dem Tod alles vorbei und alles aus ist, der muß schon dem Feind, der ihn töten will, zuvorkommen, muß töten, bevor er selbst getötet wird. Daß Märtyrer imstande sind, in die Gewißheit des Todes zu gehen, wie man oft gesehen hat, ist nur möglich, weil für sie der Tod kein Ende ist, weil sie an Tod *und* Auferstehung glauben, daran glauben, dass etwas Neues da ist.

Liebe also fragt nicht nach Lohn und fürchtet sich nicht vor Strafe. Liebe ist vollkommen frei. Um der Liebe willen könnte man sein eigenes Leben gleichsam streichen. Nach Gesetz kann das Böse, kann der Böse mächtig sein, aber der Böse kann niemals über die Liebe siegen. Der Böse kann nur den Menschen reinfallen lassen, der das Gesetz handhabt.

Man muß sein Vaterland verteidigen, hören wir, stolz sein auf die Fahne, den Dienst mit der Waffe. Ja, das ist Gesetz. Liebe aber könnte sagen, in solcher Art kümmere ich mich nicht um das Leben. Mein Leben ist der Baum, das Wachstum des Lebens selber. Ich lebe *intensiv* weiter, komme wieder, bin immer da. Ich brauche keine Beweise, ich glaube das, aus Liebe, weil ich das Gesetz mißachte – nicht die Gesetze der Gesellschaft, der Menschlichkeit, sondern das Gesetz des Todes. Liebe kann den Tod besiegen. Der Tod hat Grenzen, weil das Gesetz Grenzen hat. Die Bäume wachsen nicht in den Himmel. Berge können bis zu einer gewissen Höhe sich erheben, höher aber gehts nicht. Und die Gesetze der Luft, des Wassers, des Feuers – sie haben ihre genau bestimmten Grenzen. Liebe aber könnte gesetzmäßig Widersprüchliches vereinen. Das Feuer, natürlicher Feind des Wassers, findet sich nach der Überlieferung im Begriff »Feuer-Wasser« im hebräischen Wort für Himmel, »schamajim«, das auch als Verbindung von »esch« und »majim« gelesen wird. Statt des Entweder-Oder also eine Einheit der Gegensätze. Nicht entweder Leben oder Tod, sondern Leben als Leben und Tod.

Gesetzmäßig ist Tod *hier* Tod. Aber dort? Was weißt du von dem Dort? Wissen kannst du nichts, aber eben glauben. Das wäre die Freiheit. Den Baum des Lebens kannst du nur erreichen, wenn du das Gesetz bei dir tötest, das heißt, dich nicht um das Gesetz kümmerst. Kümmere dich vielmehr um das Entscheidende, um die Liebe. Gott ist nicht Gesetz, Gott ist Liebe, und die Mitte der Welt ist die Liebe, denn Gott macht die Gesetze der Welt aus Liebe.

Ihr Menschen, sagt Gott, seid doch in Meinem Bild und Gleichnis, seid Meine Kinder, Kinder Gottes, ihr könnt wie Ich lieben. Euretwegen habe Ich die Welt geschaffen, daß ihr wählen könnt. Daß ihr nicht mehr, wie bis jetzt, das Gesetz wählt, sondern die Liebe. Ich schenke euch die Freiheit der Wahl. Ich will nicht nach Gesetz geliebt werden, Ich kann nur aus Liebe geliebt werden, unbekümmert um Gesetz.

Wir kennen die mathematische Gleichung beim Naturgesetz, wo es links und rechts gleichzeitig steht, wo links und rechts sich gleichen. Liebe ist die Einheit im Paradox. Das Paradoxe wird gerade durch die Liebe überbrückt. Das ist eine große Herausforderung für den Menschen. Er versteht nur das Gesetz, weil er von Anfang an der Anziehung der Welt ausgesetzt ist.

Aber Gott sei Dank, könnte man sagen, ist das so. Denn obwohl die Welt unwiderstehlich anzieht, obwohl Gott weiß, daß die Menschen Seinem Sohn das Schlimmste antun werden, schenkt er Ihn doch der Welt. Und wenn der Mensch dann sagt, ja aber, wenn das geschieht ... soweit kann ich nicht gehen – dann hat er sein Leben verloren, um des Gesetzes willen. Gesetz ist Ende, Tod, Frucht vom Baum des Wissens, Frucht der Erkenntnis von Gut und Böse: Sterblichkeit; du siehst dann die Grenzen.

Wir können aus der Sterblichkeit nur durch diese unfaßbare Liebe Gottes erlöst werden. Wiederkunft, Auferstehung – wir sind gewiß, wir kommen zurück, denn Liebe hat keine Grenzen. Nur die Formel hat Grenzen, die wir aus der Mathematik, der Physik, der Chemie kennen. Gesetzesformeln, denen man gehorchen muß, da kann es keine Ausnahme geben, Gesetz ist Gesetz, Gesetz muß herrschen. Liebe aber kümmert sich darum nicht. Ihretwegen könnte man das Leben hier sogar streichen, denn Liebe weiß, es ist nur begrenzt. Wie soll man es ertragen, ohne sich zu betäuben? Ohne sich ablenken zu lassen von Medien, die zu jeder Zeit auf ihre Weise da sind? Gerade heute scheint die Liebe ganz verdrängt. Heute lernen wir: Liebe lohnt sich! – Nein, Liebe lohnt sich eben gar nicht im Sinne der Welt. Sie lohnt sich auf ganz andere Weise, sie lohnt sich vor Gott. Aber hier? Fromme und gute Leute haben oft ein Schicksal, das tragisch endet, und böse und harte Menschen haben Erfolg, erreichen ein hohes Alter und Reichtum, regieren. Wer sich und anderen vormachen muß, es käme hier reicher Lohn, wenn man liebt, der tut das um den Preis der Heuchelei. Und lohnt sich so ein Leben?

## Das Jüngste Gericht

Die Maßstäbe der Welt auf die Liebe anzuwenden, wäre eine Anmaßung. Liebe ist etwas ganz Anderes. Liebe ist, wie es dein Herz dir sagt. Dein Leben ist Liebe, und daher nicht begrenzt. Alle Momente erlebst du wieder, die du hier durchlebt hast. Wenn es schlechte waren, dann, heißt es, ist das Gericht da, das Jüngste Gericht. Gericht kommt von richten, im Sinn von »rechtmachen«, reparieren. Das Böse, das du in deinem Leben auch hattest, geht nicht weiter. Ein Gericht ist da, eine Läuterung, du wirst gereinigt. Es kann sein, daß dieses Entwöhnen schmerzhaft ist, aber du bist froh, daß du entwöhnt wirst. Schon hier ist man manchmal froh, die Gewohnheit einer Sucht loszuwerden, die Sucht nach Status und Karriere, oder die Sucht nach Sexualität, Nikotin, Alkohol, Drogen. Man spürt, die Entwöhnung bringt Freiheit, Erlösung von der Sucht, ein Erlebnis, das man gern auch den anderen Menschen mitteilen möchte. Nach dem, was wir hier schon davon erfahren, können wir uns vielleicht vorstellen, was Läuterung im Jenseits sein kann. Gewiß ist dieses Entwöhnen etwas Schweres, aber dann, wenn man geläutert ist, wenn man es los ist, herrscht große Freude. Wie könnte es auch sein, daß mein Böses bei mir bliebe! Es wird gerichtet, repariert.

Und kein Mensch, heißt es, kann nur böse sein; wenigstens als Kind war er oder sie lieb und gut. Gott, wird gesagt, beurteilt den bösen Menschen auch danach, wie er als Kind war. Als Kind ist er nett und süß und lieb, bis er dann nach einigen Jahren schon durch den Kindergarten, durch »Erziehung« verdorben wird. Dann kann er böse werden. Aber auch der Böse hat im stillen Momente, wo er allein ist, verzweifelt ist, gern einmal anerkannt, geliebt werden möchte. Er wagt es nur nicht zu sagen. Man stelle sich vor, ein Diktator in seiner Strenge teilte dem Volk mit, daß er eigentlich nur geliebt sein möchte! Die Tyrannen haben auch ihre Momente, wo sie weinen und enttäuscht sind. Und diese Momente sieht Gott. Er kennt uns mit Herz und Nieren, kennt uns durch und durch. Gott kann als einziger beurteilen, wer wir sind. Wir Menschen sehen einen anderen vielleicht nur als Bösen, als Gemeinen, als Hund, weil wir ihn nur so sehen, wie er sich gibt. Wir kennen ihn aber nicht in seiner anderen Seite, seiner Einsamkeit, und wir berücksichtigen auch nicht, wie er als Kind war. Deshalb dürfen und können wir einen Menschen nie verurteilen. Verurteilen bedeutet, nur über das Äußere urteilen. Der Mensch aber hat innen viele Schichten. Innen bleibt er auch Kind, wie am Anfang. Dieses Kind im Menschen ist gemeint, wenn Jesus davon spricht, daß wir wie die Kinder werden und daß die Kinder zu Ihm kommen sollen.

In der Liebe ist man manchmal ein Kind, stammelt Koseworte nur für den Geliebten oder die Geliebte bestimmt, andere geht es nichts an, man würde sich schämen, wenn sie es hörten. Du spürst, wenn du liebst, bist du ein wenig komisch, nicht salonfähig, nicht so normal. Vielleicht ist das besser so, denn der Böse will gerade das Normale, das Übliche; will alles aufdecken, entblößen und zeigen: Schau, der Hund, die Katze, das Kaninchen – alle machen es so, das ist normal, steckt gar nichts Besonderes dahinter.

Aber in Wirklichkeit ist jede Liebesbeziehung vollkommen unvergleichlich. Kein Mensch kann sagen, er kenne den Menschen, den er liebt. Wie könnte er dessen geheime Momente kennen? Selbst wenn uns jemand hier ganz offenkundig als der böseste Mensch erscheint – wir können niemals beurteilen, was wirklich mit ihm ist. Nur in der Liebe könnten wir vielleicht etwas davon spüren. Denn Liebe ist das einzige, wo wir umsonst tun können.

## Gnade herrscht in der Liebe

Umsonst – wir sagen dafür auch »gratis«, und das kommt vom lateinischen »gratia«, Gnade. »Umsonst« heißt also »Gnade«. Du erwartest nicht Gesetz, du erwartest Gnade. Der gnädige Gott, ein Gott der Gnade, der Barmherzigkeit, schaut nicht auf die Sünde. Die Barmherzigkeit ist da, weil die Sünde da ist; ohne Sünde, könnte man sagen, wäre die Barmherzigkeit »arbeitslos«.

»Umsonst« ist im Hebräischen »bechinnam«. In einem Warenhaus in Israel könnte man etwas »bechinnam« bekommen, ohne zu zahlen, gratis. Das Wort ist vom Stamm »chen«, Gnade.

Wenn wir die Liebe haben, dann kümmert uns das Gesetz nicht mehr, dann herrscht Gnade. Paulus spricht davon an vielen Stellen, besonders eindrücklich aber im Römerbrief. Das Gesetz tötet, die Liebe macht frei. Wenn die Liebe nicht wäre, wäre eigentlich nichts da. Der Mensch spürt: Ich bin Gott gegenüber, ich kann Gott lieben, wie böse es auch in der Welt zugeht und wie die Welt mich auch verurteilen, verfolgen, verspotten, verleumden mag. Ich liebe dennoch, das heißt, ich kümmere mich nicht um die Folgen hier. Wie Jesus sagt: Wer Mir folgt, der wird verfolgt und vertrieben werden, genauso wie Ich. Bedenkt, wenn Ich das aus Liebe tue, tue Ich es nicht, um etwas zu erreichen, Ich bin kein König, wie ihr das erwartet. Manche von euch erwarten, daß Ich Mich als König zeige, der siegen, hart sein, vertilgen wird. Nein, Ich bin sogar bereit, euch und alles hier zu verlassen, wegzugehen. Einer von euch wird sogar veranlassen, daß Ich umgebracht werde. Aber Ich bleibe dabei, euch von der Liebe, von dem Neuen zu erzählen. Wozu Ich gekommen bin, ist, euch die Liebe einzuflößen, daß ihr die Liebe erkennt, und nicht immer nur darauf schaut, ob es sich lohnt, ob ihr nun Lohn oder Strafe bekommt, ob Ich nun siege oder verliere. Ich bin ein Verlierer, ein Versager für die Leute, die praktisch denken, politisch, gesellschaftlich. So werde Ich umgebracht, wie alle, die mir folgen, umgebracht werden. Das aber soll euch nicht bekümmern. Ich gehe euch voran in den Tod und zeige euch, daß der Tod kein Ende, nur eine Wende im Leben ist. Eine Wende, eine Rückkehr, Auferstehung hier in der Welt.

Hier hast du gelebt, und alle die Momente, wo du Gutes gewollt und Gutes getan hast, zählten nicht mit? Das alles wäre einfach vorbei, spurlos?

Wir sollten die Welt, das Leben hier ernstnehmen. Gott hat die Welt erschaffen, und er hat diese Welt als Zentrum des Lebens bestimmt. Hier geschieht es, hier erscheint der Erlöser, der Messias, der Gesalbte, in dieser Welt erscheint er, nicht in einer anderen.

Auferstehung meint kein Weiterleben, sondern: *Leben*, das ganze Leben neu, Leben von Anfang bis Ende, aber nicht bis Ende der fließenden, der verfließenden Zeitlichkeit, sondern es könnte so sein, daß Zeit dir zurückgeschenkt wird, daß Zeit jetzt verbunden ist mit Ewigkeit, daß Wasser und Feuer, Zeitlichkeit und Ewigkeit eine Einheit sind wie der Himmel. Kommt nicht das Ganze vom Himmel? Vom Himmel geboren, vom Vater gezeugt, nicht biologisch in Zeitlichkeit, sondern ein Wunder, eine Ausnahme.

Der Mensch im Bild und Gleichnis Gottes, also Kind Gottes. Wir sind nicht nur biologisch Kinder – das sind wir auch –, sondern haben auch als Mensch die andere Seite in uns, die göttliche Seite: Gott in uns, wir in Gott.

Wenn schon *ich* spüre, daß ich der Welt das Schönste gönnen möchte, so wird der Vater im Himmel der Welt unermeßlich mehr Schönstes gönnen, als ich mir auszudenken vermag. Gott hat nicht unsere Maßstäbe des Gönnens; was Gott gönnt, übersteigt unser Vorstellungsvermögen. Tieren und Pflanzen gibt er Leben, »lebendige Seele«, wie es in Genesis 1,30 heißt. Alles lebt und hat seinen Sinn. Die Pflanze streckt sich nach der Sonne und nach dem Licht, auch sie will nicht sterben. Und wenn sie hier abgeschnitten wird oder verwelkt und verwest – auch sie *bleibt*.

Die grüne Farbe der Pflanzen, heißt es, ist eine Mischung von Gold, der Farbe des Ostens, und Blau, der Farbe des Westens. Im Osten beginnt die Zeit und im Westen endet sie: Vergangenheit und Zukunft. Das Grüne in der Mitte hat die Ruhe, hat Anfang und Ende als Einheit. Was war, was ist, was sein wird in Einheit – das ist der Duft bei den Pflanzen. Weihrauch, Duft von Kräutern – die Pflanzen duften, weil sie das Vertrauen haben, daß Anfang und Ende zusammen sind, daß Ewigkeit ist.

Ich nannte das Gehen des Menschen im Leben eine Tragödie, ein Drama, denn der Mensch hat bei jedem Schritt die Chance, Liebe schenken zu können. Gott wartet darauf – unter welchem Schmerz der Enttäuschungen! – Gott wartet, hat Geduld. Gott sagt, Ich werde warten, bis der Mensch erkennt, was Liebe ist. Und wie oft der Mensch auch fällt, Ich werde Geduld mit ihm haben.

## Angriff der Welt

Vom Baum des Wissens haben wir gesprochen und vom Baum des Lebens, und wir haben die Sünde gesehen, wo wir fallen, gerade weil wir Menschen sind und die Freiheit haben, Ja oder Nein zur Liebe zu sagen.

Jetzt, wo wir mitten im Thema von Tod und Auferstehung sind, möchte ich zum Leben von Jesus übergehen. Der Name Jesus, hebräisch Jehoschua, bedeutet »der Herr hilft« oder »der Herr rettet«. Das hebräische Wort für »Herr« ist zugleich das Wort für das Sein; das Sein »herrscht«. Entsprechend können wir den Namen Jesus auch so umschreiben: das Sein, das herrscht, hilft, rettet. Aber wir spüren zugleich auch: das ist nicht wahr. Wir sind verloren, verlassen, versagen – und was rettet uns dann? Ja, etwas ist dann da, und gerade dann, wenn wir uns dem Leben zuwenden, der Liebe. Lieben könnte der Sinn des Lebens sein. Leben und lieben sind sich in der Sprache doch auch sehr nahe. Lieben, daß man erkannt wird im Leben, nicht nur äußerlich, sondern durch und durch. Möchte man sich selbst nicht auch erkennen und weiß, man kann es nicht? Schön aber wäre es zu denken, es gäbe jemanden, sagen wir einmal Gott, der uns kennen würde und wirklich alle unsere Gedanken und Überlegungen miterlebte, jede Sekunde, wie schnell wir uns auch änderten –: der uns erkennen könnte, wie wir *sind*.

»Sein« ist dem Namen nach schon Hilfe an sich. Wo brauchen wir Hilfe? Dort, wo wir gefallen sind, uns aufzurichten, dort, wo wir allein sind, daß einer mit uns ist, und dort, wo keiner mit uns sein will oder kann, daß dort dann doch noch jemand da ist, der uns beisteht. Wir spüren, es muß ein Sein geben, das so wäre.

Da denke ich an die Geschichte von Jesus. Seit seiner Geburt lebt Er in einer Welt, die Ihn fortwährend angreift. Was bedeuten diese Angriffe? Wer sind die Pharisäer und die Schriftgelehrten?

Erst einmal: Wenn man Ihn anerkennt, kann man die Welt hier, wie sie ist und wie es in ihr zugeht, nicht anerkennen. Denn irgendwie muß man dann etwas lächeln über die Aufregungen in der Politik, über das Macht- und Statusstreben, über das viele Studieren, über die Zauberei der Technik. All das tut man mit Eifer und hält es für wichtig, wenn man nur das Zeitliche kennt, die Welt, die in der Zeit fließt. Die Schriftgelehrten nun sind diejenigen, die gerade die Maßstäbe der Zeitlichkeit anwenden wollen. Aber diese Maßstäbe versagen bei Ihm. Wenn das Leben wirklich kommt, der Baum des Lebens, das Wachstum, die Intensität des Lebens, dann stimmt es mit der Welt hier nicht überein, dann muß die Welt Ihn angreifen. Haben wir uns nicht diese Welt erkämpft und erobert, haben wir nicht die Macht, das Sagen hier? Was Er da von Ewigkeit sagt, ist leeres Gerede und stimmt nicht! – Unmöglich also, daß Jesus mit den Schriftgelehrten und Pharisäern in Übereinstimmung sein kann.

Die Pharisäer wollen in dieser Welt etwas darstellen, sie wollen zeigen, daß sie rein sind, daß ihr Kleid unbefleckt ist, weiß. Die Schriftgelehrten kennen die Maßstäbe des Gesetzmäßigen ganz genau, und da paßt Er natürlich nicht, Sein ganzes Leben paßt da nicht, schon von Anfang an. Schon Seine Herkunft, wie sie im Matthäus-Evangelium erzählt wird, bereitet den Schriftgelehrten Schwierigkeiten. Da wird die Genealogie in 42 Geschlechtern von Abraham bis zum Sohn Davids aufgezählt: 14 Geschlechter von Abraham bis David, 14 Geschlechter von David bis Babel und 14 Geschlechter von Babel bis Christus. Und am Ende dieser Aufzählung heißt es: »Jakob zeugte Joseph, den Mann der Maria, von welcher ist geboren Jesus, der da heißt Christus. Der Heiligen Schrift nach bekommt Maria aber nicht von ihrem

Bräutigam Joseph das Kind, der Bräutigam berührt sie nicht, sondern durch den Heiligen Geist. – Aber so etwas gibt es doch nicht, ein Kind wird normal geboren! Das müssen die Schriftgelehrten behaupten, denn wo bliebe sonst ihre Gelehrsamkeit? So sind die Schriftgelehrten voller Angeln, voller Fangnetze. »Ein Sohn von dort behauptest du zu sein? Das gibt es nicht. Wir kennen uns aus und wir wissen, daß so etwas hier nicht vorkommt!«

Das betrifft auch uns selbst. Einerseits sind wir der, als der wir hier erscheinen, andererseits glauben, hoffen wir zu sein: Kind Gottes, des Seins, im Bild und Gleichnis dessen, der von sich sagt: Ich bin, der Ich bin. Die Erschaffung des Menschen geschieht, wie es ausdrücklich heißt, »in Seinem Bild, im Bilde Gottes« (1. Mose 1,27).

Woher wir biologisch stammen, das läßt sich ermitteln, berechnen. Erbmasse ist berechenbar. Nach einem sehr alten Ausspruch aber sind bei der Geburt eines Menschen drei beteiligt: Vater und Mutter, der Dritte aber ist Gott. Das Selbst des Menschen, seine Persönlichkeit, sein Ich stammt von Gott. Der Mensch ist also Kind Gottes, aber auch Kind seines Vaters und seiner Mutter. Eine paradoxe Herkunft also, paradox, wie die Einheit von Tod und Leben. Wissenschaftlich stimmt das nicht; aus wissenschaftlicher Sicht sind Leben und Tod gerade gespalten. Deshalb auch betont die Bibel: »Der Herr, unser Gott, der Herr ist Einer. Keine zwei Herren also, einer für früher und einer für später, sondern Einer.

Der Name Pharisäer kommt vom hebräischen Wort für »abgesondert«. Was in uns ist es, das sich gern absondert? Das müssen wir spüren, um den Pharisäer in uns zu erleben. Wir sind die guten Menschen, wir zeigen, wie es ist, wir sind fromm, werden belohnt, haben das Sagen; Hohepriester und Könige gehen aus uns hervor. Es ist das in uns, das sich der Welt so zeigen und in der Welt so behaupten will. Und der Schriftgelehrte in uns will mit den Maßstäben der Zeitlichkeit feststellen, ob es sein kann oder nicht. Da ist eine Geburt vom Heiligen Geist her unmöglich. Geradezu ein Grauen müssen die Schriftgelehrten vor denen bekommen, die an so etwas glauben.

## Aus der Zeit gefischt

Was sich hier schon vor der Geburt ankündigt, ganz im Anfang des Matthäus-Evangeliums, ist, um es einmal so auszudrücken, ein Märchen. Wenn wir das leugnen, ist alles Weitere eigentlich gleichgültig. Wenn der Anfang, das Prinzip nicht angenommen und erkannt wird, zeigt auch das weitere Leben dann das ganz Andere. Der Versucher sucht Jesus hereinfallen zu lassen mit Versprechungen dieser Welt. Und bald schon begegnet Jesus den Fischern am See. Wir hören vom Menschenfischer, vom Seelenfischer. Das Wasser, ein Ausdruck von Zeit. Fließendes Wasser, fließende Zeit. Der Mensch in der Zeit wie der Fisch im Wasser: gefangen. Der Fischer holt den Menschen aus der Gefangenschaft der Zeit heraus.

Immer haben wir nur Zeit im Sinn, weitere Zeit, Entwicklung und Weiterentwicklung. Da kommt es zur Begegnung mit Menschen, denen es eine Freude ist, Seelenfischer zu sein, den Leuten zu sagen: Wir leben in der Zeit, aber es endet einmal, wir erscheinen hier, aber das hört dann auf. Und was ist dann weiter? Was ist mit dir überhaupt? Was für ein Wesen bist du?

Die Fischer also. Und weiter geschehen dann Dinge, die sich mit den Maßstäben der Zeitlichkeit nicht vereinen lassen. Liest man die Evangelien mit den Augen der Schriftgelehrten und Pharisäer, kommt man zu der Auffassung: Gut, Jesus tut viel Gutes, speist die Leute mit Fischen und Broten, hilft denen, die krank sind, macht Blinde sehend, Tauben gibt er das Gehör wieder, Gelähmte läßt er wieder gehen. Sehr nützlich, gut und nützlich. Es gibt also eine Art magischer Kraft, Leute zu heilen. Was aber, frage ich mich, ist eigentlich ein Blinder? Im Hebräischen wird das Wort für »blind« mit den gleichen Zeichen geschrieben wie das für »Haut«, »Fell«, das Äußere also. Ein Blinder sieht nur das Äußere. Tatsächlich sehen wir normal das Äußere. Manchmal aber erleben wir einen Menschen unmittelbar, spüren ihn im Blitz einer Sekunde, in einem Augenaufschlag. Nicht zu beschreiben, was man dabei spürt – da käme nur Sentimentales, Pathetisches, eine Mache heraus –, dennoch: ein klares Erkennen. Wir sehen dann etwas im Sinne von Einsicht. Wir sehen hinein, erleben, wer der Mensch ist.

Es ist also wichtig, daß einer da ist, der uns nicht nur das Äußere zeigt, mit dem Teleskop womöglich oder dem Mikroskop, sondern uns hineinschauen läßt, in ein Wort zum Beispiel, in ein Auge oder in ein Gefühl, damit wir den *Menschen* spüren können. Vielleicht sind wir Blinde, obwohl wir sehr scharf sehen können, und müssen erst zur Einsicht gebracht werden. Und vielleicht sind wir alle taub, betäubt, weil wir nur hören wollen, was mit dem übereinstimmt, was in der Zeitung steht oder was die Gelehrten sagen. Und wenn es nicht damit übereinstimmt, ist uns die Stimmung gleich verdorben.

Wenn wir in der Bibel lesen und von der Geburt durch den Heiligen Geist hören, dann stimmt das nicht mit den Erkenntnissen der Gelehrten überein; wissenschaftlich ist das unhaltbar, wie es so schön heißt, keine Frage. Aber wissenschaftlich ist es auch unhaltbar, wenn wir vom Leben nach dem Tod hören.

Begriffe wie »blind« und »taub« müßten wir wohl auf ganz neue Art bedenken. Die Heilung durch die Begegnung mit Jesus ist keine magische Heilung. Auch wenn du durch Handauflegen das Augenlicht wieder erhieltest – was ist mit dir nach hundert Jahren? Wie gut du auch gesehen oder gehört haben magst, dann bist du doch gestorben. Hören ist also mehr ein Vernehmen. Sehen eine Einsicht.

Auch von Lahmen wird in den Evangelien erzählt. Was ist ein Gelähmter? Er kann den Weg seines Lebens nur schwer oder gar nicht gehen.

Seinen Lebensweg, den er gehen muß, leiten Fragen, die er stellen muß: Wohin gehe ich? Woher komme ich? Wo war ich vor meiner Geburt? Wer bin ich überhaupt? Bin ich nur der, der hier eingetaucht in die Zeit erscheint? Ich spüre doch meine einmalige Persönlichkeit, einmalig wie mein Fingerabdruck. Ich bin nicht mit anderen austauschbar, ich habe meine Namen.

Wir neigen dazu, alles kausal erklären zu wollen: Erst warst du das, dann bist du das geworden, dann das. Deshalb verstehen wir auch den Begriff der Reinkarnation ganz falsch. In Indien, woher er kommt, wird er gar nicht so verstanden, wie wir uns das vorstellen. Wir sind im Denken kausaler Reihenfolgen befangen. Hast du gut und brav gelebt, erscheinst du in der Inkarnation eines wichtigen Menschen, wenn nicht, dann eben als Fliege oder als Laus. Das sind pädagogische Vorstellungen, die mit der Schule, guten Noten und Versetzen zu tun haben. Der Mensch ist, der er ist, man kann ihn nicht in eine Reihenfolge bringen, wo Ursache und Wirkung über sein Erscheinen im Leben bestimmen.

Der Weg des Menschen ist ein Weg näher zu Gott. Ich bin der Weg, heißt es. Den wandelst du, wandelst dich. Wenn du Mich kennst, erlebst du den Weg zum Vater, den Weg zur Ewigkeit. Der Gelähmte, der erstarrt war, keinen Weg hatte, weil er von seinem Standpunkt so überzeugt war, der kann, wenn er Ihm begegnet, auf einmal den Weg gehen. Auch wenn du viel, vielleicht alles weißt – morgen schon könntest du mehr spüren, mehr empfinden, mehr erleben, die Liebe, das Leben stärker erfahren! Du weißt schon, was Leben ist?! Dann gerätst du in Langeweile, dieses lange Weilen an einem Ort. Der Gelähmte leidet unter dieser tödlichen Langeweile, er geht nicht weiter, erstarrt. Die Begegnung mit Jesus, die ihn heilt, eröffnet ihm den Weg, das Weiter- und Weitergehen.

Vom Stummen lesen wir, vom Menschen, der nicht sprechen kann, der durch Ihn die Sprache erhält. Auch wir wollen manches sagen und können es nicht ausdrücken, wir finden die Worte nicht. Auch der beste Redner findet die Worte nicht, weil er spürt, dafür gibt es keine Worte; die Worte, die es brauchte, kennen wir nicht. Was wir sagen, ist immer einige Ebenen niedriger als das, was wir meinen. Immer haben wir das Gefühl, es könnte viel besser gesagt werden. Musik, ein Lied könnten mehr geben. Aber auch dann spürt man ein Ungenügen. Eigentlich sind wir hier stumm, sind nicht imstande, das zu sagen, was wir möchten.

In dieser Situation begegnen wir gerade dem, der aus dem Heiligen Geist geboren ist. Das ist ein Mensch, der auf neue Weise da ist und ganz anders tun und geben und schenken kann als einer, der wie jeder Mensch nach biologischer Gesetzmäßigkeit geboren ist und lebt. Das können die Gesetzeslehrer nicht zugeben. Das gibt es nicht, sagen sie, und aus irdischer Sicht müssen wir ihnen zustimmen. Es wird aber auch, wenn wir von solcher Anti-Gesetzlichkeit hören, auf einmal eine andere Seite des Lebens in uns wach: wir sind imstande, *umsonst* zu lieben, zu glauben, ohne daß Beweise da sind, ja, gerade dann zu glauben, wenn es nur Gegenbeweise gibt. Jeder Mensch könnte von sich denken, daß er dann eben der einzige wäre, der trotzdem glaubt, der einzige, der bei Ihm bleibt. Ich hoffe, jeder Mensch hat die Regung in sich, daß er sagt, ich würde bleiben, sogar, wenn alle Ihn verlassen. Ich spüre, Er ist da um der Liebe willen, hat keinen Vorteil davon, wird ausgelacht, bedroht, verspottet, verfolgt. Immer sind da die gescheiten Leute, die beweisen, daß nicht stimmt, was Er sagt. Gewiß, nach ihrer Wissenschaft stimmt es auch nicht, da gibt es den Tod, natürlich. Er aber sagt: Leben! Wenn du das glaubst, heißt du ein Dummer. Willst du dich der Tatsache, daß am Ende der Tod steht, etwa nicht fügen? – Aber wenn *ich* schon Leben gönne, nicht nur ein Weiterleben, sondern daß die, die hier lebten, alles zurückerhalten, was sie verloren, alles erfüllt bekommen, was sie erträumt haben – wie sollte Gott dann, verglichen mit Seinem Gönnen meines wie Nichts ist, nicht unermeßlich mehr Leben schenken!

Das ist die große Bedeutung des Glaubens: Vertraust du Gott, daß Er tut, was keiner hier kann? Gibt es bei dir diese Fähigkeit, trotz allem zu glauben? Vielleicht wagst du nicht, es laut zu sagen, aber im Stillen ist es dir vielleicht eine Freude, zu spüren, daß du immer da bist, ewig lebst. Wir kennen aus dem Evangelium die Frage, die man Christus stellt, von der Frau, die sieben Männer nacheinander gehabt hat, welcher von ihnen nun in Wirklichkeit ihr Mann sei? Es ist eine Frage aus dem Bereich der Alternative, des Entweder-Oder, aus dem Geltungsbereich der Kausalität, der gesetzmäßigen Realität. In Ewigkeit aber, wo es die Alternative gar nicht gibt, sind der Frau sozusagen alle Männer gegönnt. Aus der Sicht der Ewigkeit ist diese Frage sinnlos. In Ewigkeit gilt nur die Liebe, die am Ende siegt. Nicht zu beweisen, gewiß, Ewigkeit ist kein Fach an der Universität, aber, spüre ich, die einzige Gewißheit, die es gibt.

## Durchbruch ins Neue Leben

So zeigt sich im Leben von Jesus gerade der Durchbruch, das Neue. Er will und kann sich nicht auf das Denken der Schriftgelehrten und Pharisäer einlassen, weil Er spürt, daß deren Maßstäbe nicht die Seinen sind. Ich habe einen Vater, der ewig ist, der war, der ist, der sein wird. Ich bin für Gott da, Er baut mit mir die Welt – »ben«, Sohn, und »boneh«, bauen, sind vom gleichen Wortstamm – eine neue Welt, keine Welt der Gesetzmäßigkeiten.

Der Messias sitzt zur Rechten Gottes, schon vor der Schöpfung; der Sinn der Welt ist es gerade, daß das Neue durchbricht. Das Alte hat gezeigt: aus dem Kreislauf ist nicht herauszukommen, der Mensch fällt immer wieder. Er ist nicht imstande, Liebe zu verstehen, rutscht aus, fällt hinab. Da schenkt Gott dem Menschen den Gesalbten, den Christus, ihn zu erlösen. Und Er weiß, die Menschen werden Ihn nicht verstehen, werden Ihn sogar umbringen, indem sie Nein zu Ihm sagen; denn unser Nein ist ein Vernichten. Dennoch schickt Gott Ihn, damit die Begegnung im Wort stattfinde, im Wort, das göttlich ist. Die Begegnung, einmal im Wort erfüllt, kann bei dir jetzt Realität werden. Das Wort ist da; was ihr auch mit Ihm tut, Er ist da. Seid ihr fähig, Ja zu sagen? – Nur unter bestimmten Bedingungen, wenn wir durch Dich keine Schwierigkeiten bekommen, sonst müssen wir Dich dreimal verleugnen, ehe der Hahn kräht … Eigentlich, wissen wir, sind wir unfähig. Wir warten auf die Gnade.

Gnade will sagen: umsonst. Wenn du auch gesündigt hast, Ich bin dir gnädig. Wenn ein Verbrecher begnadigt wird, dann zählen seine Verbrechen nicht mehr. Vielleicht entdeckst du dann die Dimension der Liebe, die dir das Neue bringen kann, einen Funken, der angefacht wird.

Wie viele Beweise der Liebe hat man im Laufe der Jahrhunderte nicht gesehen! Es ist etwas Großes mit der Liebe. Daher auch das Verlangen, die Sehnsucht nach ihr. Du möchtest, daß einer dich versteht, dich nimmt, wie du bist, dich liebhat mit allen deinen Fehlern, mit allem, was krank ist. Liebe schaut nicht auf Status oder Reichtum. Liebe lebt in den Träumen der Menschen und der Menschheit, wie wir aus vielen Märchen und überlieferten Geschichten aller Zeiten und Völker wissen. Liebe – vergeblich, und doch Zentrum, Kern des Ganzen. Des Lebens Sinn ist Liebe.

Treu, so zeigt es sich in den Evangelien, sind gerade die Fischer im Menschen, die die Seele aus dem Fließen der Zeit herausfischen können. Wir *wollen* aus der Zeit heraus. Was lassen die Jahre, die Jahrhunderte, die Jahrtausende zurück? Alles doch verwest, verschwunden, vergessen. Und was geschieht mit dir danach, außerhalb der Zeit?

Ich werde von euch weggehen, sagt Er, der von Sich auch sagt, Er sei der Weg; aber Ich werde euch wieder begegnen, nach dem Tod im Leben bei euch sein.

Wohin, fragen wir uns, führt uns der Weg? Was ist der Sinn des Ganzen? Im Neuen Testament läuft es nicht auf einen Sieg hier hinaus, daß ein Reich hier gegründet wird, daß man es hier erreicht. Es stellte sich auch da gleich die Frage: Und was wäre mit dem Reich in hundert Jahren? Wo ist Lazarus geblieben, der doch auferweckt wurde? Wenn wir das Leben ernstnehmen, kann uns ein Reich hier, der Sieg, die Macht niemals befriedigen.

Es wäre nur eine Ablenkung von der Realität des Todes und der Verheißung der Auferstehung. Die Bibel endet nicht mit Tod, auch nicht mit dem Tod am Kreuz, sondern zeigt gerade ein neues Leben. Das erscheint uns merkwürdig. Wir klammern es zunächst aus, denn es geht da um Dinge, die außerhalb jeder Beweismöglichkeit liegen. Der Tod ist wahr, kein Zweifel; aber das Andere dann? Eine Art Beweis für das Andere ist nur unsere Sehnsucht, zu *sein*: Ich war, ich bin, ich werde sein. Es ist mein Gerüst, daß ich bin, daß ich selber bin. Man sagt, das hätte mit meiner Geburt angefangen. Nein, sage ich, ich war bei Gott. Was das bedeutet, weiß ich nicht. Ich war bei Gott, wie alles bei Ihm zu Hause ist, und ich kehre in das Haus Gottes, wo die vielen Wohnungen sind, zurück.

Das ist schön gesagt, es macht aber traurig. Und ich möchte doch ein wenig von der Traurigkeit bei uns wegnehmen. Denn die Traurigkeit macht uns krank. Es fehlt uns dann etwas, vielleicht sehr viel. Heilt dann nicht Jesus, der große Heiler? Was wird erzählt, welche Antwort gibt uns Jesus auf die Frage nach Tod und Auferstehung? Könnten wir dann ein Gefühl des Friedens mit uns selber erhalten?

Friede im Hebräischen ist dasselbe wie Vollkommenheit: es fehlt eben nichts mehr. Aber uns fehlt es noch, müssen wir schon sagen, am Gefühl dafür, was Auferstehung ist. Ich wünsche mir zum Beispiel, daß mein Leben, das vergangen ist, die Jahrzehnte, die ich gelebt habe, daß all das *neu* da ist, gerichtet, rechtgemacht. Dann ist die alte Welt klar. In ihr habe ich gelebt, geliebt, gelitten, war ich glücklich. Nichts davon ist gleichgültig, all das *lebt* weiter. Das will Liebe mir sagen.

Die Frage von Liebe und Gerechtigkeit, von Tod und Leben müssen wir stellen und auch zu beantworten versuchen, sofern es menschenmöglich ist, damit es nicht nur bei einem Endzeitgefühl bleibt: Untergang der Welt. Wer von uns hätte Spaß daran, seine Kinder, seine Freunde, einfach nur so untergehen zu lassen? Nein, sie sind wieder da, und was das bedeutet, möchten wir doch gern noch etwas zu verstehen suchen.

## »Sucht nicht den Lebendigen unter den Toten!«

Es geht um den Moment, wo der Mensch, auch der Sohn des Menschen spürt, daß nun eine Wende kommt, etwas Neues. Aber im Vertrauen auf Gott hat Er das Gefühl: Ich komme zurück, auch wenn Ich jetzt weggehe.

Die Welt geht dann nicht weiter, denn der Welt fehlt gerade etwas: Wo sind sie geblieben, die vielen, die gelebt haben? Menschliche Güte würde doch erwarten, daß zurückkommt, was gut war in der Welt, was lebte, was sich sehnte, während das Schlechte, das Gefallene aufgerichtet wird. Unser Gerechtigkeitsgefühl fordert, daß das viele Böse, das im Zeitlichen geschah, so gerichtet wird, daß es nicht weiter zeitlich ist, sich nicht weiter entwikkelt, sondern daß auf einmal die entsprechenden Situationen in anderem, ganz neuen Licht erscheinen. Ein neuer Himmel, eine neue Erde, ein neues Jerusalem – das Gefühl, es müßte etwas Anderes kommen, kein Weitergehen in der Entwicklung, es müßte wiederkehren, neu da sein. Liebe erwartet das eine, Gerechtigkeit, oft mit einem Rachegefühl einhergehend, erwartet das andere, daß anderen dann wehgetan wird. Wie kann das zusammengehen? Ja, ein Paradox; wie kann es sein, daß Tod und Leben eine Einheit sind, oder Feuer und Wasser?

Der Tod – wie kann dann Leben sein? Man denkt und fürchtet, mit dem Eintreten des Todes wird Tod dann auch weitergehen. Nach Gesetz muß es dann weitergehen, weil alle Gesetze sich wiederholen. Manchmal gibt es eine kleine Mutation, aber im allgemeinen gehen die Gesetze weiter.

Auch die Jünger erwarten, daß es mit Jesus nach dem Tod weitergeht, schauen, ob Er noch im Grab ist. Aber hat Er nicht von Dingen gesprochen, die das Gesetzmäßige durchbrechen? Und wenn die Frauen am Sonntag zum Grab kommen, ist es leer. »Sucht nicht den Lebendigen unter den Toten!« Also kein Weitergehen. Sterben ist ein Weg, der im Tod aufhört. Dort ist die Wende, die Umkehr, eine Wiederkehr. Als Mensch gehst du den Weg nach dem Tod nicht weiter, es wendet sich. Was du erlebst, erlebst du nun in einer neuen Windung der Spirale, auf einer anderen Ebene, höher oder niederer, die anders ist als die, die dir das Zeitliche zeigte. Was wir hofften, aber nicht auszusprechen wagten, unsere Sehnsucht nach dem, was wir schon seit Ewigkeiten kennen, daß der Weg nicht weitergeht, sondern eine Umkehr stattfindet, das Leben neu erlebt wird, nicht nur im Fließen der Zeitlichkeit, sondern als Gegenwart, wo Vergangenes und Zukünftiges beisammen sind –: das ist nun erfüllt. Das Sein in allen drei Zeitformen ist gegenwärtig, wenn diese entscheidende Wende eintritt.

Schön gesagt, könnte man einwenden, aber ich sehe nichts davon. Was sehen wir schon? Das Spektrum der Farben zwischen Rot und Violett. Wir wissen aber, daß es sehr viele Schwingungen von Licht gibt, die wir nicht sehen. Zahllose Strahlen und Wellen sind da, gehen durch Mauern und Menschen hindurch, aber wir können sie nicht sehen, es sei denn, wir haben einen Apparat, der uns das Bild in Zeitlichkeit zeigen kann, einen Röntgenapparat zum Beispiel, oder einen Fernsehapparat.

Also, was sehen wir schon? Einen winzigen Teil. Und warum sehnen wir uns nicht danach, mehr zu sehen? Warum sehen wir unsere Freunde, die gestorben sind, nicht? Und wie wir nur ein kleines Spektrum sehen, so hören wir auch nur ein paar Oktaven, alles andere hören wir nicht. Dennoch halten wir unser Sehen und unser Hören für beweiskräftig.

Wenn du deine Welt als die einzige nimmst, dann leugnest du die ganze Welt. Dabei sollte das, was du sehen kannst, in dir die Sehnsucht nach dem für dich nicht Sichtbaren wecken. So ist das Böse auch da, damit du dich nach dem Guten sehnst, die Kriege, damit du dich nach Frieden, Vollkommenheit sehnst.

Sehnsucht ist ein wichtiges Moment in der Liebe. Liebe ist auch Sehnsucht. Den anderen, den du nur ein bißchen kennst, möchtest du lieben. Du sehnst dich, ihn ganz zu kennen. Das geht aber nicht, indem du ihn analysierst. Da kämen nur immer neue Details hervor, niemals aber könntest du ihn auf diesem Weg in seiner Totalität kennenlernen. Die Analyse bringt dir vielleicht »Erfolge« in bestimmten Momenten; worum es aber geht, ist die Liebe umsonst, wo Erfolg gar keine Rolle spielt.

Liebe gönnt dem anderen, daß er ewig lebt, daß ihm alles erfüllt wird, was überhaupt zu erfüllen wäre. Damit könnte man sich vielleicht dem Begriff der Liebe nähern. Liebe, die nicht der Befriedigung deiner Lust dient, sondern die alles daransetzt, daß der andere Freude hat. Deine Freude ist es dann, den anderen vor Glück strahlen zu sehen. Deine Freude ist seine Freude. Diese Art Liebe kennen wir nicht, weil wir glauben, daß es weitergehen muß. Wir wollen es selber machen, durchsetzen, daß Liebe gemacht werden kann. Liebe aber kann man nicht machen. Liebe ist etwas ganz Anderes. Liebe ist zum Erleben, in der Liebe ist der Baum des Lebens da, das Wachstum des Lebens. Deshalb heißt es, jetzt, beim Tod, wendet es sich. Man sieht mehr, man hört mehr, Einsicht ist da, Vernehmen, Erleben, jetzt, wo das Vergangene, das Gegenwärtige und das Künftige eine Einheit sind. Unvorstellbar, unfaßbar für uns, unser Fassungsvermögen reicht dafür nicht aus. Vielleicht nur in der Liebe ahnen wir etwas davon, in der Liebe könnten wir sogar unser Fassungsvermögen überschreiten. Es könnte dann sein, daß das Gefäß, das wir sind, zerbricht. Wir können es nicht fassen, gehen kaputt daran, zerbrechen. Das geschieht dann im Tod.

## Aufwachen in der Welt der Wahrheit

Es gibt eine alte Geschichte vom Sterben eines großen Menschen, eines Weisen. Als er auf dem Sterbebett lag, umringten ihn seine Schüler und Kollegen und fragten ihn, wie er sich fühle, nahe dem Tod. Ich bin bereit, sagt er, und alles ist mir schon klar, nur eines tut mir weh: daß ihr und meine Frau und meine Kinder nun zurückbleiben müßt, daß ihr um mich trauern werdet.

Da sagt einer: Glaubst du, Gott hat weniger Mitleid als du mit uns, deiner Frau und deinen Kindern? – Ich glaube nicht, antwortet der Sterbende, aber ich sehe doch, daß sie weinen. – Dann stirbt er. Da sagt ein anderer: In meiner Jugend habe ich dasselbe erlebt, als mein Lehrer starb. Wir trauerten sehr. Da erschien mir mein Lehrer im Traum und sagte: Schau, als ich starb, bin ich aufgewacht. Immer wollte ich euch erklären, was es bedeutet, wenn gesagt wird, der Tod ist sechzigmal der Schlaf, der Schlaf ist ein Sechzigstel des Todes. Jetzt möchte ich es dir erklären. Ich wurde also im Sterben wach und sah dann am anderen Morgen – wie jeden Morgen, wenn ich wach wurde –, meine Frau, meine Kinder und euch, meine Schüler, und ihr trauertet gar nicht! Ich wurde nämlich in der Welt der Wahrheit wach, der Welt des Seins, wo das Vergangene, das Ge-genwärtige und das Künftige eine Einheit sind. Dort lebt ihr alle in der Welt der Ewigkeit, in der Welt der Wahrheit. Hier sind wir in der Welt des Scheins, deshalb ist der Tod sechzigmal der Schlaf, ist viel tieferer Schlaf als beim Wachwerden in der gleichen Welt. Tot ist man wach in der Welt der Wahrheit. Auf einmal sieht man das Weinen nur als Schein in der Scheinwelt, in Wirklichkeit weinen die Frau und ihr und die Kinder gar nicht. In Wirklichkeit bin ich gar nicht verschwunden. Ich bin immer da, ich war immer da;

wir leben immer in der Welt der Wahrheit, in der Welt des Seins, in Ewigkeit. Als Menschen aber haben wir zwei Seiten, sind wie die zwei Bäume. Einmal die Welt der Wirklichkeit, des Lebens, zum anderen die Welt des Wissens von Gut und Böse, die Welt der Zeitlichkeit. Als Mensch verbinden wir die beiden Welten, als Mensch sind wir der Haken*, der die Einheit zwischen den zwei Welten herstellt. Wir sind es, wenn wir glauben, jeder von uns ist es, wenn er glaubt. Dann lebt in uns die Welt der Ewigkeit, die Welt der Wahrheit. Aber wenn wir nicht glauben, ist sie tot, haben wir sie getötet, haben Nein zu ihr gesagt, haben sie vernichtet. Dann sind wir nur auf die Maßstäbe der Zeitlichkeit angewiesen. – Soweit die Erzählung des Schülers.

Als Schriftgelehrte kennen wir nur die Zeitlichkeit, den Ruhm in der Zeit, wollen bekannt und geehrt sein. Der Mensch aber, in Wirklichkeit, lebt ewig. Immer haben wir den Baum des Lebens in uns. Was wollen wir, wonach verlangt uns: nach Glauben, nach Liebe, nach Hoffnung? Oder nach Wissenschaft, nach Beweisen, nach Ehrenbezeugungen? Hier gibt es kein *bewußtes* Wählen. Mit Absicht kannst du nie hingelangen. Dein Nichtbewußtes wählt, und sagt dir dann, wer du bist. Aus deiner Gelassenheit, aus dir selber muß es hervorkommen. Wenn du dir einredest: Ich muß jetzt glauben!, ist schon Zwang, Lohn und Strafe da.

* Name des Zeichen Waw, des sechsten Zeichens im hebräischen Alphabet. Siehe F. Weinreb, »Buchstaben des Lebens«, »Wunder der Zeichen – Wunder der Sprache«, »Zeichen aus dem Nichts«.

Glauben muß bei dir die Totalität deines Seins und Daseins bedeuten. Diese Totalität läßt dich dann so oder so entscheiden, gerade nicht gezielt. Ein Zwang – das wäre Götzendienst.

Gott möchte dich, wie du bist, nicht, wie du dich machst. »Ich bin, der ich bin«, sagt Gott, und so sollst du, im Bild und Gleichnis Gottes, auch der sein, der du bist. Ich bin, sagt Gott, die Totalität eurer Gedanken, eurer Träume, eurer Wünsche, eurer Hoffnungen, eures Lebens, wenn ihr glücklich seid; das bin Ich, das Ganze.

Der Tod ist, wie es die alte Geschichte sagt, eine Wende in die wahre Welt hinein. Dann lebst du dein Leben von dorther, wo du wirklich bist, der du bist. Das aber kannst du nur erfahren, heißt es, wenn du liebst, wenn der andere für dich da ist, um ihm Recht zu geben und nicht, um ihn zu überzeugen. Selber soll er spüren, daß er ein Kind Gottes ist, selber wächst er dorthin, genau wie du. Das Beste, das Schönste sollst du ihm gönnen, Glück, und nicht ihn belehren, ihm etwas vordozieren. Das gäbe ein Gefühl, als ob du wichtiger wärst als der andere. Den anderen aber deine Wichtigkeit spüren zu lassen, hat mit Liebe nichts zu tun.

Liebe erkennt den anderen als Gleichen, als Nächsten, den man nur lieben kann, selbst wenn er dein Feind wäre. Der Nächste ist ein Mensch mit Fehlern, vielleicht hat er viel falsch gemacht. Bedenke: Nur Liebe kann das überbrücken. Was hilft es ihm, wenn du ihm seine Fehler vorhältst? Das Gute, das wir wollen, tun wir nicht, und das Böse, das wir meiden wollen, tun wir. Das bloße

Wissen, spüren wir, hilft nicht. Die wirkliche Hilfe ist ein Erlebnis, ein Erleben, das nicht nur mit Zeitlichkeit, mit Entwicklung zu tun hat, sondern mit Ewigkeit, also mit der anderen Seite in uns, mit unserem Ich, unserer Persönlichkeit, mit dem, was wir in Wirklichkeit sind.

Jesus ist nach dem Tod nicht an dem Ort, wo man erwartet, daß er ist: im Grab. Das Grab, eine Höhle, ist wie eine Hülle. Die leinenen Tücher, der Mantel, das Kleid können im Grab sein, er selbst aber nicht. Die Höhle ist Zeitlichkeit, hat Grenzen. Du aber hast keine Grenzen, denn mit dir lebt etwas, von Gott eingebaut, daß du lieben kannst. Du kannst Gott lieben mit deinem Wissen und mit deinem Nichtwissen, aus ganzem Herzen, aus ganzer Seele, mit allem, was du vermagst, kannst du Gott lieben, den Einen, den Herrn, der Einer ist.

Im Jenseits ist das *ganze* Leben da. Da gibt es kein Gedränge, wo jeder der erste sein will. In der Zeitlichkeit herrscht Gedränge. Die Frage der Sadduzäer, die ich schon erwähnt habe, die Frage mit den sieben Männern nacheinander, zielt auf die Alternative. Wo sich sieben Männer drängen – wer ist da der echte Mann? In der Ewigkeit aber gibt es kein Gedränge. Deshalb sehnen wir uns nach Ewigkeit. Viele, vielleicht sehr viele, kennen diese Sehnsucht gar nicht, weil sie nichts anderes als diese Welt sehen. Gerade auch ihnen sollten wir diese Sehnsucht gönnen. Wenn wir uns aber selbst das Leben nicht gönnen, wie dann den anderen? In der Dimension der Liebe ist Auferstehung eine fortwährende Wirklichkeit.

## Brot vom Tisch des Lebens

Jesus wird nicht erkannt, weil man denkt, Er sei derjenige, der vor drei Tagen gekreuzigt wurde, also getötet. Man erkennt Ihn nicht, weil Er nicht weiterlebt, sondern *neu* lebt: das Leben *aller* Phasen des Lebens in Einheit. Man könnte Ihn erkennen, aber ohne gleich zu wissen, wer Er ist. Gewiß ist die Phase Seines Lebens, sind die 33 Jahre dabei; aber noch viel mehr ist dabei: alle Vergangenheiten seit Beginn der Schöpfung und von vor der Schöpfung, alle Zukunft. Und das alles als Einheit: Leben in Ewigkeit.

Aber wir sehen, die Jünger erkennen Ihn nicht, auch die Emmaus-Jünger nicht, die nur an dieses Geschehen denken können, das vor drei Tagen stattgefunden hat, diesen großen Skandal in Jerusalem. Weißt Du nichts davon?, fragen sie Ihn. So ist es: Wir reden Ihn selber an, erkennen Ihn aber nicht. Erst dann, wenn Er das Brot bricht mit ihnen, wenn Er zeigt: Ich teile das Leben aus, von Mir kommt das Leben her, dann erkennen sie Ihn. Dann *sehen* sie: am Tisch teilt Er aus, das Leben.

Kein Sehen, kein Erkennen von außen, kein Betasten mit den Augen oder mit den Händen, um zum Beispiel die Wunde wahrzunehmen, sondern ein Erkennen als Schicksal im Leben. Der Sinn dieses Erkennens ist das Brechen des Brotes, das Austeilen des Wortes. Man spürt dann sein Schicksal, vom Tisch her ausgeteilt, vom Lebenstisch. Im Hebräischen heißt Tisch »schulchan«, und dieses Wort zeigt den Stamm »schalach«, schicken. Wir erkennen nicht so äußerlich, wir erkennen erst im Schicksal die Verwandtschaft, wir erkennen Ihn als den Erstgeborenen im Schicksal, wenn man es austeilt.

Die Wandlung in der Messe könnte man so erkennen, empfinden; *sehen* kann man nicht, was nachher ist. Eben nicht sehen, aber einsehen kannst du, glauben. Und gerade diese Dimension im Leben sind wir immer wieder zu vergessen gezwungen, weil sie von der Gesellschaft nicht akzeptiert wird und weil wir so gerne mit der Masse mitschreien, tun, was alle tun. Die Besonderheit, daß jeder Mensch einzeln ist und sein könnte – das vergessen wir. Konform wollen wir sein, mitreden will man, man macht sich nicht gern lächerlich.

Geboren vom Heiligen Geist. – Lächerlich, sagen sie. – Er ist auferstanden. – Lächerlich, heißt es, wo ist Er denn? Ich sehe nichts. – Aber was siehst du denn schon? Diesen minimalen Ausschnitt; ein Sehen, das gleich wieder verlorengeht, es flimmert ein bißchen wie im Fernsehen.

Worum es geht, ist, daß wir uns klarwerden, wer wir *sind*, was uns fehlt. Gerade unser Kranksein, das, was uns fehlt, hat Er auf sich genommen: hier zu leben und hier zu zeigen, was uns fehlt: daß wir nicht einsehen können. Dadurch ist Auferstehung eine Realität, klar, einsehbar. Nichts sehen wir, nichts ertasten wir, nichts hören wir – und doch weiß die Sprache vom Gestimmtsein. Ich bin heute gut gestimmt; so stimmst du dann. Welche Stimme hast du gehört? Keine hörbare, eine andere Stimme hat die Stimmen, dein Stimmen verursacht.

Auferstehung wird uns klar, indem wir uns selber Leben gönnen und nicht auf Wissenschaft schauen. Die Wissenschaft mag sagen, was sie will – du gönne dir Leben, gönne dir Ewigkeit. Und gönne Ewigkeit der ganzen Welt, auch den Tieren, auch den Pflanzen. – Wie kann das sein? Ja, kein Gedränge dann in Zeit und Raum, die sind beschränkt, gewiß, aber du kannst es träumen, es einsehen, daß es sein kann: Nichts fehlt, alles ist vollkommen, wie Gott vollkommen ist, Frieden, alles ist da.

Was uns fehlt: Wir wagen es einfach nicht, mal lächerlich zu sein. Wir könnten es endlich wagen, nicht »man« zu sein, sondern anders zu sein. Jeder Mensch könnte sich sagen: Ich bin anders, ich erlebe es selber, echtes Leben, kein Leben nur der Zeitlichkeit. Ich verbinde beide, dazu bin ich in der Welt, der Liebe zu begegnen, indem ich beide Seiten verbinde. Das Ewige, spüre ich, ist Liebe; der Zeitlichkeit fehlt Liebe. Könnte *ich* nicht Liebe bringen? Dann ist Gerechtigkeit und Liebe das gleiche wie Tod und Leben. Nicht Rache ist es dann, sondern Gerechtigkeit, daß Gott uns entwöhnt, läutert, reinigt, siebenfach läutert, wie es heißt, aber nicht im Sinne von Strafe, von Wehtunwollen, von Rache. Das sind Gefühle unserer Zeitlichkeit, weil wir durch die Beschränktheit aggressiv werden müssen, mit dem Kopf gegen die Wand rennen oder um uns schlagen.

Im Hebräischen sagt das Wort für Rache: Wiederaufrichten, das Gefallene aufrichten. Das Gefallene wird schon schwer wiegen, und das Aufrichten wird schon schwierig sein – aber habe nur Geduld, es herrschen dort ganz andere Maßstäbe als die zeitlichen.

Wir müßten imstande sein, auszubrechen aus der Gesetzmäßigkeit der Schriftgelehrten, des Pharisäertums, des Wichtigtuns – ausbrechen in die Wahrheit, die wir selber sind. Den anderen erleben als Mensch, der sich sehnt, der wartet, der hofft, der verzweifelt, genauso wie du, da ist kein Unterschied. Der andere ist der Weg zu Gott, gib ihm Recht, er sucht Gott. Muß er deinen Weg gehen? Wenn er Gott sucht, wird er auch finden, sein Befinden wird sich bessern, sein Empfinden, laß ihn *seinen* Weg gehen.

Und wer gibt mir Recht? – Wenn viele Leute dir Recht geben, was bedeutet es schon, und wie lange dauert es? Gib dem anderen Recht und zeige ihm dadurch, daß du ihn liebst. Seine Herkunft, ein Geheimnis Gottes, ist nicht deine Herkunft. Wir kennen nur Unterschiede, wissen aber, Gott ist der Eine, der alles vereint. Deshalb möchte ich gerade den Fremden lieben, der mir nicht vertraut ist, der einen so ganz anderen Weg hat.

## Zum Greifen, zum Begreifen nah: erfüllte Zeit

Könnten wir so denken, uns etwas gewöhnen, so zu handeln, dann käme die Liebe nicht so zu kurz, wie es jetzt immer der Fall ist. Dann wären unsere

Gefühle über Tod und Auferstehung ganz anders. Dann wüßte man, daß nichts verlorengeht, daß nichts fehlen darf. Wenn *ich* schon die Verstorbenen nicht vergesse?! Alle, auch das Hündchen, das ich einmal hatte, auferstehen, alles ist da. In der Vollkommenheit darf auch nicht die kleinste Fliege fehlen. So möchte ich leben, und dann ist Auferstehung fast eine Selbstverständlichkeit.

Befremdlich aber bleibt sie, wenn wir dem anderen sein Anderssein nicht gönnen, wenn wir meinen, er sei falsch und müsse in der Hölle brennen. Weiß Gott nicht, was mit ihm sein soll? Ich überlasse das gern in glücklicher Gelassenheit Gott dem Vater, der schon zusehen wird, daß Seine Kinder den richtigen Weg zu Ihm gehen. Sie werden den Weg, sie werden Gott schon finden. Nicht, daß ich dann sagen müßte, sie lesen zum Beispiel die falschen Texte oder falsche Übersetzungen. Gerade auch wenn du fehlgehst – du hast aber Gott gesucht, auf deine Weise eben. Ein Kind auf seine Weise, ein Analphabet auf seine Weise. Und er kann trotz seines Analphabetentums ein Weiser sein. Jeder trägt auf seine Weise zur großen Einheit der milliardenfachen Verschiedenheit, zur Einheit Gottes bei. Laß deshalb die große Verschiedenheit sein, wie sie ist, und bringe selbst die Einheit.

Dann erwartet man das Ende der Zeit nicht als Apokalypse des Grauens, dann sind die apokalyptischen Reiter kein Schreckbild. Steht nicht in der Offenbarung des Johannes sowohl am Anfang wie auch am Ende, daß es *bald* sein wird, nicht in Jahrtausenden, daß es *nahe* ist? Dann ist es dir zum Greifen nah, zum Begreifen in Liebe. Dann verhalte dich nicht mehr rechthaberisch zur Welt. Wo du spürst, er sucht Gott, gib ihm Recht, und wo du spürst, er sucht anderes, kannst du höchstens auf die Beschränktheit des Gesetzmäßigen hinweisen, auf die Schranken, die da sind. Er wird sich schon sehnen nach einem Wort, das eine Welt in ihm öffnet, die die Schranken durchbricht, wo Liebe ist und er zum Menschen erwacht, der beide Seiten in sich hat, das Ewige und das Zeitliche, Tod und Leben als eine Einheit. Hebräisch »chajim«, Leben, zeigt in seiner »ajim«-Endung ein Doppeltes: Leben vor und Leben nach dem Tod, ein Leben. Was wir hier erleben, das hier Seiende, die Momente kommen zurück. Die Momente, die wir gekostet haben, geliebt und gehofft haben im Dasein, werden erfüllt da sein. Ewigkeit ist Erfüllung.

Das Ende der Zeit als Erfüllung. Wenn wir das so sehen, können wir nicht in Untergangsstimmung verfallen. Dann ist unsere Endzeiterwartung ein Warten auf den neuen Himmel, die neue Erde. Ich glaube das, weil ich jedem das Neue gönne, ein neues Leben, neue Liebe, eine neue Welt, das Neue, wo er erlebt: Jetzt bin ich erkannt, jetzt bin ich geliebt, es ist gut.

Wer möchte das nicht? Jeder doch. Aber man wagt es nicht. Denn die Gelehrten sagen, so geht es nicht, das kann nicht sein, wir sagen euch, wie es sein muß, und wenn ihr gut studiert, bekommt ihr Diplome. Aber es ist im Herzen, das spürst du, und in keinem Diplom vorzeigbar. Ich bin auf Gott bezogen, ich bin der Weg nach Hause, zum Haus des Vaters. Ich habe auch eine Wohnung dort, ein Gewohntsein, und jeder andere auch. Unzählig viele sind da. Wir sind auf dem Weg nach Hause, zwar in dieser Welt, aber nicht von dieser Welt. Wo waren wir vorher? Woher kommen wir?

Kinder Gottes, in Gottes Bild und Gleichnis erschaffen. Also nicht nur Produkte eines biologischen Systems, der Erbmasse, vieler Generationen, die alle starben und verschwunden sind. Die Einheit Gottes umfaßt dies alles und könnte es uns als Einheit zurückbringen.

So könnten uns Gefühle über die Endzeit erwachsen, die Tod und Auferstehung miteinbeschließen. Es ist dann keine Frage mehr, wo wir in hundert Jahren sind. Bei Gott jedenfalls. In Gottes Haus ist dann unsere Wohnung. Gönnen wir das jedem, gönne es dir selber, glaube daran, träume davon in deinen Wachträumen. Alles, was du besitzt, ist bei dir.

Ich weiß, das kann hier nicht gemacht werden, das ist ganz klar. Es fehlt hier natürlich sehr viel. Deshalb sind wir aggressiv oder depressiv. Es ist uns ja genommen worden, die Zeit eines Jahres oder die Zeit von zehn Jahren sind verschwunden. Aber ich gönne es mir, daß ich alles wiederbekomme. Gott, der alles kann, Gott kann ich schon vertrauen, Er weiß schon, was ich gern möchte, und ich hoffe, daß ich das Gute mag, daß Gott selber bei mir dann unterscheidet, und das Böse, das ich gewollt habe, wegnimmt und das Gute, das ich wollte, gelten läßt und mir immer intensiver zeigt, was das Gute sein könnte.

In dieser Weise können wir das ganze Weltall erkennen, das Wort Gottes erkennen, wo jeder Buchstabe ein Geheimnis hat, wo in jedem Buchstaben auch das Weltall vollständig da ist. Eine Aufforderung zum Suchen, überall, wie weit das geht. Ohne Ende, ohne Grenzen ist das, denn Gott ist unermeßlich, Liebe ist unermeßlich. Das Böse hat Grenzen, das Gute hat keine Grenzen und siegt deshalb. Das Neue in der Welt durchbricht die Schranken des Bösen, zeigt uns die Welt in der Auferstehung.

Friedrich Weinreb

## Schöpfung im Wort

*Die Struktur der Bibel in jüdischer Überlieferung*

*Dritte Auflage*
*Ungekürzte Ausgabe. 956 Seiten.*
*Leinen. Format 15,5 x 22,5 cm.*
*ISBN 978-3-905783-35-3*

Dieses Buch hat mit seinem Erscheinen 1963 eine eigentliche Neuentdeckung der Bibel des Alten Testamentes eingeleitet. Zum ersten Mal erhält jeder am Wort der Bibel Interessierte umfassenden Einblick in das alte jüdische Wissen als Schlüssel zum Verständnis biblischer Erzählweise. Dabei wird zugleich so anschaulich und profund eine Kenntnis des Hebräischen, der Bibelsprache, vermittelt, daß man bald Geist und Fülle des Urtextes miterleben kann.

Die Erzählungen des Buches Genesis von der Geschichte der Erschaffung der Welt und des Menschen über Kain und Abel, Sintflut, Turmbau zu Babel, Abraham und Isaak, Jakob und Esau bis zur Josephsgeschichte werden ebenso ausführlich interpretiert wie der Auszug Israels aus Ägypten, der Durchzug durchs Meer und die zahlreichen Geschehnisse auf der Wanderung durch die Wüste bis zur Grenze des Gelobten Landes. Immer geht es dem Autor darum, die überwältigende Vielgestaltigkeit der Welt und allen Lebens im Wort der Bibel einzusehen. Auf die vielen Fragen, die das Verständnis der Bibel so erschweren, erhält der Leser überraschende Antworten: Wie ist das mit verschiedenen moralisch zweifelhaften Geschichten, zum Beispiel, daß die Erzmutter Sara die Hagar in die Wüste schickt, daß Jakob den Segen bekommt, obwohl er seinen Bruder Esau und sogar seinen Vater betrügt, daß Joseph von seinen Brüdern verkauft wird? Wozu wird in der Bibel so viel von Opfern, besonders Tieropfern, gehandelt?

Ein umfangreicher Anhang enthält die Anmerkungen und Quellenangaben des Autors, eine Bibliographie der wichtigsten Quellen der Überlieferung, editorische Notizen, biographische und bibliographische Angaben zu Friedrich Weinreb sowie einen ausführlichen Registerteil: Personen- und Sachregister, Register der hebräischen Wörter, Zahlen-Register, Register der Bibelstellen.

Eine gekürzte Ausgabe dieses Werkes erschien 1965 unter dem Titel ›Der göttliche Bauplan der Welt‹. In seinem Vorwort bezeichnete sie der Autor ›als Einführung in die hoffentlich bald zu erwartende vollumfängliche deutsche Ausgabe ... das Buch braucht nämlich ... tatsächlich jedes Wort der ursprünglichen Fassung, um in seiner ganzen Bedeutung einigermaßen richtig eingeschätzt zu werden.‹

Verlag der Friedrich Weinreb Stiftung
Zürich

Friedrich Weinreb

**Innenwelt des Wortes im Neuen Testament**

*Eine Deutung aus den Quellen des Judentums*

*Dritte Auflage*
*260 Seiten. Gebunden. Format 13,2 x 21,2 cm.*
*ISBN 978-3-905783-18-6*

Mit diesem Buch liest, erlebt und versteht man die Bibel ganz neu. Wo wir eine Lehre vermuten, finden wir uns in eine persönliche Begegnung versetzt. Wir, unsere Welt, die Welt der Naturgesetze begegnen Jesus. Eine umwälzende Erfahrung, in die der Autor den Leser einbezieht. Dabei zeigt sich die Einheit der Bibel in beiden Testamenten.

»Wie ist das zu verstehen: die unmögliche Geburt am Anfang, und die unmögliche Auferstehung am Ende? Da heißt es, die Oberflächc der Worte zu verlassen und ins Innere vorzudringen, bis zum Wendepunkt, wo man sich überrascht in der Tiefe der eigenen Existenz wiederfindet. Dort lebt unsere Zukunft als gute, als frohe Botschaft. Wer könnte sich ihr verschließen?«

VERLAG DER FRIEDRICH WEINREB STIFTUNG
ZÜRICH

Friedrich Weinreb

**Zahl, Zeichen, Wort**

*Das symbolische Universum der Bibelsprache*

*Vorwort von Eugen Baer*
*Sechste Auflage*
*144 Seiten. Kartoniert. Format 12,8 x 20,8 cm.*
*ISBN 978-3-905783-49-0*

Der Philosoph Ernesto Grassi, der diese Zusammenstellung aus Weinrebs Werken für Rowohlts Deutsche Enzyklopädie besorgte, wollte damit eine »beispielhafte Vergegenwärtigung symbolischen Denkens anhand der hebräischen Bibelsprache« vorstellen. So entstand eine kurzgefasste Einführung in die Welt jüdischer Überlieferung, zugleich ein Zugang zum Werk Friedrich Weinrebs.

Aus dem Inhalt: Altes Wissen und Überlieferung, Wort und Zahl, Urgrund der Sprachen, Schöpfungsschema im 1. Kapitel der Genesis, Schriftzeichen des Hebräischen.

Friedrich Weinreb

**Das jüdische Passahmahl und was dabei von der Erlösung erzählt wird**

*Zweite, erweiterte Auflage*
*375 Seiten. Gebunden. Format 13,2 x 21,2 cm.*
*ISBN 978-3-905783-19-3*

Der Leser wird zum Tischgenossen bei der traditionellen Mahlzeit, dem ›Seder‹, zum Gedenken an den Auszug aus Ägypten. Den Text der ›Hagadah‹, die Handlungen und Bräuche, die diesen Abend und diese Nacht seit jeher bestimmen, erschließt Friedrich Weinreb für unser heutiges Lebensgefühl und läßt damit jenes immerwährende Geschehen von Gefangenschaft und Erlösung im Kern jedes Menschen zum Erlebnis werden. Die alltäglich gelebte Vertrautheit des Autors mit der jüdisch-chassidischen Tradition hat in diesem Buch ihren vollendeten Ausdruck gefunden.

Das 1984 erstmals erschienene Buch ist in der Neuausgabe um einen umfangreichen Registerteil erweitert: Personen- und Sachregister, Register hebräischer und aramäischer Wörter, Zahlenregister, Register der Bibelstellen.

Verlag der Friedrich Weinreb Stiftung
Zürich

Friedrich Weinreb

## Kabbala als Lebensgefühl

*Herausgegeben von Christian Schneider*
*139 Seiten. Halbleinen. Format 13,2 x 21,2 cm.*
*ISBN 978-3-905783-64-3*

Eine »göttliche Erklärung zur Schöpfungsgeschichte« nennt Friedrich Weinreb die Kabbala. Wenn er von ihr als einem »Lebensgefühl« spricht, wird deutlich, daß sie verborgen im Inneren des Menschen anwesend ist. Kabbala ist eben keine Geheimwissenschaft und hat weder etwas mit Zahlenspielerei noch mit magischen Praktiken zu tun. Gerade der weitverbreitete Mißbrauch, der mit dem Begriff Kabbala getrieben wird, hat Friedrich Weinreb dazu bewogen, die Grundzüge dieser Lehre von der Formwerdung im Prozeß der Schöpfung allgemeinverständlich nach den alten Quellen darzulegen. Denn was hier von den zehn Sphären und den vier Welten überliefert ist, strukturiert unser »Leben, das doch das Lieben Gottes enthält«, und macht es schöpferisch, kreativ im eigentlichen Sinn.

Die alten Bilder der jüdischen Überlieferung, die erklären, wie der Mensch im Kern beschaffen ist, treten im Erzählen Friedrich Weinrebs aus den Wurzeltiefen ins helle Bewußtsein. Auf die Grundfragen des Menschen: Woher komme ich? Wozu bin ich hier auf Erden da? Und wo bin ich nach dem Tod?, findet der Suchende in der Kabbala ein reiches Welt- und Menschenbild von Antworten. Im Gegenüber zur kühlen philosophischen Erkenntnis wird in der Kabbala die Erfahrung des Schöpferischen vermittelt, ein Lebensgefühl der Freude, der Ehrfurcht und des Staunens.

VERLAG DER FRIEDRICH WEINREB STIFTUNG
ZÜRICH

Friedrich Weinreb

**Das Opfer in der Bibel**

*Näherkommen zu Gott*

*796 Seiten. Leinen.*
*Format 14,7 x 22 cm.*
*ISBN 978-3-905783-66-7*

Vom Opfer Abels bis zum Opfertod Jesu, von der Genesis bis zur Apokalypse begleitet das mit ›Opfer‹ übersetzte Geschehen des »korban« – ein hebräisches Wort, das eigentlich ›näherkommen‹, ›näherbringen‹ bedeutet – die Erzählungen der Bibel. Priester, Hoherpriester, Stiftszelt, Tempel, Altar – alles ist um des »korban« willen da, und obwohl es offenkundig zentrales Gebiet der biblischen Offenbarung darstellt, ist es heute vielleicht unverstandener denn je. Die Rede von den ›blutigen Opfern‹ im Alten Testament verweist in eine eher abstoßende Schlachthofatmosphäre und das ›heilige Opfer‹ als Kern des christlichen Gottesdienstes und Mittelpunkt des Glaubens scheint nicht mehr vermittelbar, weshalb die Kirchen nach theologischen Alternativen suchen, die eher den religiösen Bedürfnissen der Gläubigen entgegenkommen.

In solcher Situation ist dieses Buch von Friedrich Weinreb in seiner Wichtigkeit für die Entdeckung eines ganzen Kontinents der Bibel gar nicht zu überschätzen. Nie zuvor ist mit solcher Ausführlichkeit vom hebräischen Text und der reichen mündlichen Überlieferung des Judentums ausgehend – zentral ist hier das Dritte Buch Mose (Leviticus) – das große Geheimnis des Opfergeschehens und aller damit zusammenhängender Dinge wie Priesterkleidung, Einrichtung des Tempels, ›Anatomie‹ des Tieres und des Menschen, das Handlungsleben des Menschen und vieles andere entfaltet und beschrieben worden. Es ist die Deutung von im Wort offenbarten biblischen Traum-Bildern, die den Menschen zeigen, wie er das Tier in den Tempel führt, wo ihn die Priester empfangen, wo der Blut-Kreislauf des Tieres durchschnitten werden muß, damit dieses im Runden gefangene Blut an die vier Ecken des Altars gelangen kann. Dort erscheinen die Teile des Körpers in neuer Ordnung und Feuer vom Himmel bewirkt die große Verwandlung.

In vielen seiner Bücher und Vorträge hat Friedrich Weinreb die Bedeutung des Opfers und der Opfer-Arten ins Alltagsleben des Menschen ›übersetzt‹, aber mit diesen achtundzwanzig Vorträgen, 1965/66 auf Holländisch in freier Rede gehalten, die jetzt erstmals in deutscher Textfassung als Buch vorliegen, ist ein einmaliges Dokument entstanden, das Friedrich Weinreb als einen der Großen in der Lehre ausweist, der das biblische Opfergeschehen in Ausdruck und Sprache unserer Zeit dem Menschen nahebringt. Damit erlöst er die Bibel aus der Erstarrung einer historischen Sichtweise und schenkt sie dem Menschen als lebendige Gegenwart des Ewigen, als den ›Baum des Lebens‹ für die, die nach ihm greifen.

Im Anhang enthält das Werk vier ausführliche Register, die von vielen Seiten her ein Auffinden von Zusammenhängen erleichtern: Personen und Sachen, Hebräische Wörter (in deutscher Umschreibung), Zahlen, Bibelstellen.

VERLAG DER FRIEDRICH WEINREB STIFTUNG
ZÜRICH

**Informationen zum Werk, zu den Büchern, zu den Tonträgern von Friedrich Weinreb sowie zu aktuellen Veranstaltungen finden Sie auf der Website der Friedrich Weinreb Stiftung www. weinreb-stiftung. org**